Vom Bauen am Tempel des Leben

Auf dem Weg zum Sinn, zu menschlicher Fülle und zur geistigen Bestimmung

Herausgeber: Perceval-Institut für Kosmologie und christliche Hermetik

Herstellung und Verlag:
Books on Demand – BoD, Norderstedt

ISBN: 9783752812947

Gewidmet den Suchern und Dienern
eines lebendigen Seins

Vom Bauen am Tempel des Lebens

Auf dem Weg zum Sinn, zu menschlicher Fülle und zur geistigen Bestimmung

Inhaltsverzeichnis

Vorwort

Da die Inhalte dieser Schrift sehr umfangreich, aber zugleich auch sehr kompakt und verdichtet dargelegt sind, möchte ich den Leser auf einige Punkte hinweisen, die meines Erachtens wichtig sind für ein fruchtbares Umgehen damit.

Diese hier vorliegende Schrift baut teilweise auf die Inhalte früherer Schriften von mir auf, aber auch auf einige Mitteilungen anderer Autoren, so dass ich manchmal einige Vorkenntnisse in esoterischen Fragen und Begriffen voraussetze.

Desweiteren sind manche Abhandlungen recht kurz und prägnant zusammengefasst, da es mir vor allem darum geht, die inneren Prinzipien und Gesetze bestimmter Angelegenheiten und Sichtweisen herauszuarbeiten. Das heißt, es wird hier keine Grundlagenarbeit beziehungsweise keine grundlegende Einführung in die christliche Esoterik und Seelenlehre dargestellt. Im Literaturverzeichnis sind dazu einige Bücher und Schriften angeführt.

Die Inhalte des hier vorliegenden Werkes sind zumeist seelisch-geistige Forschungsergebnisse. Sie wollen den geneigten Leser zu einem besinnlichen und meditativen Verweilen in diesen Inhalten anregen.

Ich will aber ganz bewusst keine Schrift anbieten, deren Inhalt man nach Art eines Rezeptbuches nur zu konsumieren braucht. Viel mehr geht es mir darum, zumindest wäre es mein Anliegen, wenn die dargestellten Erkenntnisse im Inneren bewegt und verlebendigt werden, damit sie in der Seele des Lesers in Resonanz mit dessen eigenen Werten und inneren Bestrebungen kommen können.

Auf das innere Nachvollziehen und vielleicht auch einem schöpferischen Weiterentwickeln und natürlich auf's Tun und Umsetzen kommt es letztlich an.

In den hier vorliegenden Gedankengängen ist ein seelisch-geistiger Weg vorgezeichnet, der selbstständig und in freier Entscheidung gesucht und betreten werden kann. Das Ziel, die geistige Bestimmung, das volle Leben, das uns Sinn und Fülle verleiht, darf uns den rechten Weg weisen. Diesem Ziel näher zu kommen, dafür wollen die hier mitgeteilten Gedanken eine Anregung und eine Hilfe sein.

Franz Weber im Herbst 2004 und im Frühjahr 2020

Vom Bauen am Tempel des Lebens

Auf dem Weg zum Sinn, zu menschlicher Fülle und zur geistigen Bestimmung

Einleitung:

Die folgenden Abhandlungen sind Resultate eines langen geistigen Suchens, mit dem Ziel, mehr Klarheit auf dem persönlichen Lebensweg finden zu können.

Viele Menschen gibt es heutzutage, die wie entwurzelt in der Welt stehen und sich fragen, was ihre individuelle, ganz eigene Aufgabe im Leben ist. Manche verzweifeln sogar daran, weil ihnen das herkömmliche, das vorgegebene Dasein in der Gesellschaft nicht ausreicht. Sie suchen nach einem tieferen Sinn und nach ihrer persönlichen Bestimmung, um ihrem inneren Drängen einen echten Wert und Gehalt geben zu können.

Doch in Zeiten, in denen immer weniger von Außen beziehungsweise von Traditionen und gesellschaftlichen Werten vorgegeben wird, außer man jagt dem Geld und der Karriere hinterher, ist es gar nicht mehr so leicht, seinen inneren Fragen, Wünschen und Hoffnungen eine äußere Gestalt zu verleihen.

Manche werden zu Hellsehern und Lebensberatern gehen, um dort die gewünschten Antworten zu erhalten. Aber oftmals können die Angaben daraus neben manch brauchbaren Erkenntnissen im Grunde genommen noch mehr verwirren, da die jetzige Lebenssituation und vor allem die heutige Zeit Schritte erfordert, die ich

5

selbst setzen muss, die folglich nicht mehr von Außen bestimmt werden dürfen.

Doch nach welchen Kriterien bewege ich mich im Leben, so dass ich mir nicht selbst entfremde und nur meine anerworbenen Rollen und Muster weiterspinne?

Hilfen dazu kommen uns immer wieder aus der geistigen Welt entgegen. Und schon immer gab es in den esoterischen Traditionen Mittel und Wege, um ein geistgemäßes Leben führen, um also im Einklang mit den großen kosmischen Gesetzen leben zu können.

In den nachfolgenden Abschnitten werden nun einige Hilfen aufgezeigt, wie der Mensch mit diesen geistigen Kräften und Wesen in eine Verbindung treten kann, um daraus vielfältige Anregungen für seinen persönlichen Lebensweg gewinnen zu können.

Ich persönlich sehe in diesen Aufzeichnungen einen Weg, der verschiedene Stationen und Stufen beinhaltet und uns immer reicher und ganzer werden lassen kann, sofern wir diese Inhalte in uns aufnehmen und beherzigen wollen.

Solange wir uns mit den Themen der Berufung, der Bestimmung und dem Sinn des Lebens ehrlich auseinandersetzen, solange wird uns immer auch eine Hilfe und Führung zuteil. Vielleicht bemerken wir nicht sofort irgendwelche äußeren Resultate, doch wir werden eines Weges geführt, auf dem wir mannigfaltige Erfahrungen und Erkenntnisse gewinnen dürfen.

Und irgendwann wird uns aus dem eigenen Inneren eine Klarheit zuteil und wir wissen, was wir zu tun haben. Ganz aus uns selbst, weg von allen Konventionen und Verhaltensnormen, aus und in der Liebe zu uns selbst, finden wir den rechten Weg, wenn wir ihn auch gehen wollen, ihn wagen wollen und wenn wir schweigen können, damit der lebendige Geist in uns sich offenbaren kann.

Der Geist Gottes leitet fortan alle Geschicke in uns und durch uns, wenn wir uns ihm öffnen können, denn der Geist bestimmt die Materie und der Geist gestaltet die Welt. Erheben wir uns zu diesem guten Geist, so erfahren wir Sinn, Fülle und unsere Bestimmung. Jeder an seinem Ort mit seinen Fähigkeiten, wo er zum Wohle des Ganzen mitwirken kann.

So möchte ich hier mit einem Gebet beginnen, das uns die ganze Zeit, in der wir mit dieser Schrift arbeiten, begleiten kann.

„Mein Gott, Du hast mich ins Leben gerufen.
Lass mich dieses Geschenk in Dankbarkeit und Freude annehmen.
Mache mich zu einem Diener des Lebens, wo immer es Hilfe und Stütze braucht.

Christus, schenke Du mir den Mut, Dir auf dem Weg zu folgen, den Du mich führst.
Und stärke die Gemeinschaft aller, die zu Dir gerufen sind.
Mache uns zu glaubwürdigen Zeugen Deiner Liebe.

Heiliger Geist, Du erleuchtest unsere Herzen, damit wir unsere Berufung erkennen.
Ermutige mich, auf den leisen Ruf meines Herzens zu hören.
Schärfe mein und unser aller Bewusstsein, dass jeder Mensch und alles Geschaffene für Dich wertvoll ist.
Hilf mir, Deine Gaben zu entdecken und meine Talente zu entfalten.
Zeige mir den Platz, an dem Du mich brauchst.
Sei mir nahe, wenn Zweifel kommen,
und sende Deinen Geist zu mir, damit viele vom göttlichen Leben berührt werden.
Schenke mir den Mut, meinen Lebensweg mit Dir zu gehen,
und das Vertrauen, in und mit den Menschen Dir zu dienen.

Dreifaltiger Gott, jede Berufung ist Dein Geschenk und findet ihr Ziel in Dir.
Dir sei Preis und Dank -
heute und alle Tage meines Lebens und in Ewigkeit - Amen."

Heilender Geist

Niemand wird wohl bestreiten wollen, dass es in unserer Zeit bitter nötig ist, etwas von diesem heilenden Geist spüren zu können. Man kann nämlich den Eindruck bekommen, wenn man die Zeitlage nüchtern betrachtet, dass sich eher ein krankmachender Anti-Geist breit macht. Das Verkehrte und Unmoralische scheint in allen Bereichen des gesellschaftlichen Lebens zu triumphieren. Nicht nur in der Politik, sondern vor allem im Wirtschaftlichen und sogar im Kulturleben sind so viele ungesunde Mechanismen am Werke, die einem Angst und große Sorgen um eine gute Zukunft bereiten können. Denn viele Menschen vertreten mit innigster Überzeugung das Verkehrte und Unmoralische und bemerken es nicht einmal. Daher ist es eine vordringliche Aufgabe, den guten und vorwärtsschreitenden Zeitgeist zu finden – gesellschaftlich gesehen wie auch individuell.

Die sogenannte Wassermannzeit bringt Veränderungen für die Gesellschaft und für jeden Einzelnen, die oftmals recht abrupt und unvorhergesehen mit einer turbulenten Dynamik einhergehen. Der Geist der Wassermannzeit wird in seinen humanistischen Ursprungsintentionen zusehends jedoch von dunklen Gegenkräften ins Gegenteil verkehrt, weil nicht genügend Menschen seine Impulse aufgegriffen haben und aufgreifen. Dies will ich im Folgenden für den Bereich der Gesellschaft veranschaulichen.

Geist hat mit Klarheit, Vernunft, Aufklärung und Erkenntnis zu tun. Diesen Geist sollen wir im irdischen Leben gestaltend und verwandelnd einbringen.

Die irdische Welt ist ja von einer Vierheit bestimmt (vier Dimensionen, Himmelsrichtungen, Elemente et cetera). Das christliche Symbol des Kreuzes verweist als Beispiel auf diese Vierheit der Materie, des Irdischen und des Toten hin. Das Kreuz symbolisiert also auch die Welt des Raumes. Versuchen wir im Irdischen den Geist zu finden und zu erkennen beziehungsweise ihn walten zu lassen, so müssen wir uns zuerst einmal mit dem Kreuz verbinden, so wie dies der Christus Jesus in seinem Erdenleben vollbrachte.

Die Menschheit selbst ist auf das Kreuz der Erde ausgespannt. Der Ost - West-, sowie der Nord – Süd Konflikt zeigen dies sehr deutlich an. Das Kreuz hat folglich auch mit Leid und Schwere, sogar mit dem Tod zu tun; doch es kann, wenn wir es verstehen und tragen lernen, zum Heil gereichen. Dieser Ansatz soll zunächst auf der gesellschaftlichen Ebene verdeutlicht werden.

Von Rudolf Steiner kennen wir das Prinzip der Dreigliederung des sozialen Organismus in ein Geistes-, Staats- und Wirtschaftsleben. Diese Dreigliederung orientiert sich am makrokosmischen Leben der göttlichen Welt. Nach diesem trinitarischen Prinzip ist die gesamte Schöpfung aufgebaut.

Schauen wir unsere Gesellschaft heute an, müssen wir erkennen, dass diese Gliederung wenig beachtet und zum Teil ins Gegenteil verkehrt wurde. Wo zum Beispiel im Wirtschaftsleben die Brüderlichkeit walten sollte, herrscht heute vorwiegend der Freiheitsgedanke (Neo-Liberalisierung). Dadurch wird sich zwangsläufig, wie das schon überall zu sehen ist, nur der Stärkere durchsetzen (Globalisierung). Das Kultur- und Geistesleben ist dagegen von einer Gleichmacherei bedroht; das Staatsleben korrumpiert immer mehr zu politischer und wirtschaftlicher Kumpanei. Die richtige Zuordnung ist dagegen die Freiheit im Kultur- und Geistesleben, die Gleichheit im Rechts- oder Staatsleben und die Brüderlichkeit im Wirtschaftsleben.

So wie das gesellschaftliche Leben aber momentan abläuft und sich entwickelt, nähern wir uns langsam aber sicher einem kulturellen und gesellschaftlichen Tod.

Wie kann da noch eine Heilung geschehen?

Im Kreuz ist auch ein Heil verborgen. Das Kreuz zeigt nämlich Stufen zu einer Heilung hin.

Von der Dreiheit müssen wir zu einer Vierheit gelangen, wenn etwas im Irdischen fruchtbar werden soll. So wie in Goethe's Märchen von der schönen Lilie und der grünen Schlange zunächst drei Könige im Tempel ihren Platz behaupten und der vierte, der „gemischte" König ein Rätsel aufgibt, so kann die Dreigliederung des sozialen Organismus ebenfalls erweitert werden, so wie ich dies hier kurz und schematisch darstellen will.

9

Ist der Leser noch nicht mit den Gedanken der Dreigliederung vertraut, so verweise ich zur Einführung auf das Werk von Rudolf Steiner mit dem Titel: Die Kernpunkte der sozialen Frage (oder auf mein Buch: Die soziale Dreigliederung).
Natürlich ist mir bewusst, dass eine solch kurze Darstellung viele neue Fragen aufwirft. Mir geht es hier jedoch nur um das Prinzip, das hier erkannt werden will. Die praktische Umsetzung davon ist dagegen ein ganz anderes Kapitel, weil es da um Detailfragen und fachliche Kompetenzen geht. Doch wer das Prinzip nicht versteht, wird auch bei der praktischen Ausführung scheitern müssen.

Das Kreuz der Gesellschaft

Freiheit
Kultur und Bildung
Geistesleben
(Goldener König)

Gleichheit		Brüderlichkeit
Politik und Staat		Wirtschaftsleben
Rechtsleben		(Eherner oder
(Silberner König)		eiserner König)

Gerechtigkeit
Geldwesen
(der gemischte König)

Das Geldwesen als „gemischter König" hat eine Beziehung:
zur Wirtschaft - im Kaufgeld
zum Recht - im Leihgeld
zum Geistesleben - im Schenkgeld.

Hier haben wir nun vier Prinzipien, die unser öffentliches Leben bestimmen.
Wie in Goethe's Märchen der gemischte König zuletzt in sich zusammenfällt, weil ihm von den Irrlichtern (sie stehen für den

10

menschlichen Intellekt) das Gold genommen wird, so soll auch das Geldwesen letztendlich keine eigene Größe sein, sondern nur dem Ganzen dienen. Damit hat es heute und in der weiteren Zukunft eine sehr gewichtige Aufgabe.

Goethe ordnete dem goldenen König, also dem Geistesleben, die Weisheit zu. Die Weisheit darf und soll uns leiten.

Im individuellen Leben lautet dafür der Spruch: „Erkenne das Höchste".

Zum silbernen König beziehungsweise dem Staat, gehört nach Goethe der Schein. Der „schöne Schein", der heute noch überall die Politik durchzieht, er will verwandelt werden in eine Offenheit, Ehrlichkeit, Transparenz, Ausgeglichenheit und Schönheit. Die Schönheit wird einmal die Welt erretten, auf dass sie in wirklichem Glanze erstrahlen kann. Der silberne König hält das Zepter in den Händen und spricht die Worte: „Weide die Schafe". Dies könnte den Regierenden zugesprochen werden. Denn hier geht es um die Gleichheit jedes einzelnen Menschen vor dem Recht beziehungsweise vor dem Gesetz. Vor Gott sind wir alle gleich, egal welche Fähigkeiten und Besitztümer wir erlangt haben. So sollte auch das menschliche Recht diesen Gotteswillen beherzigen.

Jede Zelle des Körpers dient dem Ganzen, obwohl sie verschiedene Funktionen innehaben. Alle tragen zum Wohle des Ganzen bei, jede auf ihrem Platz mit ihrer entsprechenden Aufgabe. Scheren einzelne Zellen aus der Gesamtheit aus, so entsteht auf der leiblichen Ebene ein Krebsgeschwür.

Damit jeder Einzelne seine Aufgabe erfüllen kann, dafür muss die Gemeinschaft beziehungsweise der Staat die Rahmenbedingungen schaffen. Der Rechtsstaat soll daher allen Bürgern gleiches Recht zukommen lassen und einer maßlosen Habgier Einzelner, die eben einem Krebsgeschwür entsprechen, Einhalt gebieten.

Der eherne oder eiserne König beziehungsweise die Wirtschaft bedeutet nach Goethe Gewalt. In einem positiven Sinne ist sie gewandelt zu Stärke und Kraft, wenn der Mensch die Worte beherzigt: „Das Schwert in der Linken, die Rechte frei".

Wir sollen eben nicht mehr mit Gewalt nach Außen kämpfen, auch nicht um des Geldes willen. Heute erleben wir ja schon einen regelrechten Wirtschaftskrieg beziehungsweise Kriege, die geführt werden, um wirtschaftliche Vorteile zu erlangen.

Wenn das Schwert, wenn die Macht in der linken, in der gefühlshaften Seite verbleibt, wenn sie also eine seelische Stärke bedeutet und wenn die rechte Seite, die Willensseite im Menschen frei ist, ja, dann kann der Mensch in sich stark sein, gerecht und schöpferisch in und an der Welt arbeiten. Die freie Rechte reicht dem Bruder die Hand.

Wenn wir noch einmal auf die drei Ideale aus der französischen Revolution hinschauen, auf die Freiheit, Gleichheit und Brüderlichkeit, können wir sehr leicht bemerken, dass es in unserer Zeit am meisten an der Brüderlichkeit mangelt.

Von den USA wird berechtigter Weise die Freiheit vorangetrieben. Leider jedoch auch mit militärischen Mitteln und wirtschaftlichem Druck - und dies vor allem noch in fremde Länder hinein, in denen die Brüderlichkeit noch sehr geschätzt ist, wie eben in islamischen Regionen und Traditionen. Doch die Freiheit sollte dort belassen werden, wo sie hingehört, nämlich zu den geistigen, religiösen und kulturellen Werten des Einzelnen und der Gesellschaft. Heute verkommt die Freiheit vor allem zu einer Konsum- und „Mecker"freiheit oder nur zum egoistischen Gebaren des: „die Freiheit nehm ich mir.." - zumeist auf Kosten Anderer, der Armen und Schwachen.

Sieht man zum Beispiel die Abfindungen mancher Manager und die zunehmende Ausbeutung der arbeitenden Menschen, wie auch die jahrelange Praxis der Geldumverteilung von Arm nach Reich, so zeigt sich deutlich, dass dies auf Kosten und zu Lasten Schwächerer geht und somit die Brüderlichkeit auf der Strecke geblieben ist. Der Wunsch zu nehmen und für sich und die Seinen am meisten rausholen zu wollen, gefährdet den sozialen Frieden im Kleinen wie im Großen. Heute erleben wir in vielen Bereichen, auch was alltägliche Bedürfnisse betrifft, einen regelrechten Wirtschaftskrieg beziehungsweise eine Diktatur der Wirtschaft. Und dies wird sich noch steigern müssen, mit all den sozialen Katastrophen, die daraus hervorgehen, wenn wir uns nicht umstellen und neue Werte leben, die den werdenden, mündigen und freien

Menschen zum Mittelpunkt machen, der seine Aufgabe und seine kosmische Bestimmung erst noch finden muss. Das ist der Ruf und die Herausforderung der Wassermannzeit. Freiheit, Gleichheit und Brüderlíchkeit, das sind aber auch die Werte beziehungsweise die geistigen Impulse und Kräfte des heilenden Geistes, die ins irdische Dasein hereingeholt werden müssen, um Gerechtigkeit und Frieden auf der Erde ermöglichen zu können.

Der gemischte König versinnbildlicht letztlich die Kraft der Liebe, denn die Liebe vermag es, alle drei unterschiedlichen Bereiche zu verbinden und sie in sich aufzunehmen. So können wir folglich auch im und am Geldwesen Liebe erlernen, wenn wir eine Gerechtigkeit anstreben wollen. Die Liebe fasst alles zusammen und sie kann teilen.

Unsere gesellschaftlichen Probleme haben vor allem die Ursache des nicht gerechten Teilenkönnens. Die Arbeit, das Geld, den Besitz zu teilen, das tut Not. Wenn einige wenige das meiste für sich haben wollen, ist es die logische Konsequenz, dass für andere zu wenig übrig bleibt. Doch ein soziales Verhalten kann nicht von „oben" verordnet werden und das vor allem nicht im Zeitalter des Individualismus. Der Impuls zu einem sozialen Miteinander muss von jedem Einzelnen in Freiheit und in eigener Einsicht gewollt werden.

Der gemischte König trägt also alle Teile in sich, doch noch nicht in reiner und geläuteter Art. Er kann sich aber opfern und sein Gold, die Weisheit, den Irrlichtern preisgeben. Danach zerfällt er, denn er hat seine Aufgabe dann erfüllt.

Am Geldwesen entscheidet sich letztlich auch der Fortgang unserer Kultur und unseres gesellschaftlichen Lebens. Es stellt eine große Herausforderung und Prüfung dar, aber auch eine Möglichkeit zum persönlichen und kulturellen Wachsen. Nur mit Weisheit durchschauen wir sein Potential. Wird das Geld weise und damit in sozialer Verantwortung gehandhabt, so trägt es zum Wohle aller bei. Lassen wir uns vom Geld in den Bann ziehen, werden wir leiden müssen, denn wir sind dann in eine begrenzende Ausrichtung beziehungsweise in eine Einseitigkeit hineingeraten.

Das Kreuz weist in vier Richtungen und damit auch in die Mitte hinein, zum zentralen Kreuzespunkt, wo erst ein Ausgleich und eine Heilung geschehen kann. Findet die Menschheit beziehungsweise die Gesellschaft ihr Kreuz und gestaltet sie nach diesen vier Richtungen hin, so wird sie auch die Mitte, das Menschheits-Ich und damit den Menschheits-Geist finden, von dem alles ausgeht.

Im Kreuz ist Heil. Christus richtete es auf - zum Himmel hin.

Auch im individuellen Leben macht sich dieses Kreuz bemerkbar. Der Mensch steht im Kreuz. Er findet darin seinen Erdbezug. Zunächst ist es das „horizontale" Kreuz, das den Weg in die Welt kennzeichnet.

Die Weltenraumeskräfte prägen uns. Oben - unten, links - rechts, vorne - hinten, sie bestimmen unser Leben. Wenn wir Erkenntnis, Bewusstsein und Geist hinzubringen, so fesseln diese Kräfte nicht mehr, sondern wir gereichen zu einer bewussten Weiterentwicklung.

Vier Richtungen bestimmen unser irdisches Dasein.

Die Richtung „hinten" mahnt zur Erkenntnis. Die Vergangenheit sollen wir begreifen, einen Sinn darin finden.

Die Richtung „vorne" gleicht einem Samen, den wir einpflanzen dürfen. Eine Vision führt uns in die Zukunft, in der wir unsere Seelenaufgabe finden dürfen.

Die Richtung „links" deutet auf die Beziehung zum Leben, zu den vitalen und sinnlichen Kräften der Erde hin. Für den Menschen, der in der Mitte steht, bildet die linke Seite eine auflösende und transzendierende Qualitat beziehungsweise den entsprechenden Archetypus aus, also auch ein luziferisches Licht der Illusion und des schönen Scheins.

Die Richtung „rechts" bildet die Beziehung zu Tod und Wandlung, also eine formgebende Qualität. Hier haben wir es mit gewissen Verantwortlichkeiten gegenüber dem Kosmos beziehungsweise den inneren Werten zu tun.

Haben wir diese Wesenskräfte im Leben erkannt und angenommen, so wird der Weg frei zur Mitte des Kreuzes, zum „Krieger des Herzens", der diese verschiedenen Qualitäten in einen Ausgleich bringen kann. Hier erst können wir das Feuer im eigenen Herzen entzünden. Es weist von diesem Punkt der Mitte in alle Richtungen hinaus. Das Herzensfeuer ist das Zentrum des individuellen Lebenskreuzes.

Doch mit diesem Erdenkreuz ist es für uns Menschen noch nicht getan. Ein Mensch in aufrechter Haltung mit nach den Seiten ausgestreckten Armen bildet zudem ein „vertikales Kreuz", das den Weltbezug verdeutlicht. Ich stehe in der Welt in einem Kreuz. Darin können wir uns selbst finden.

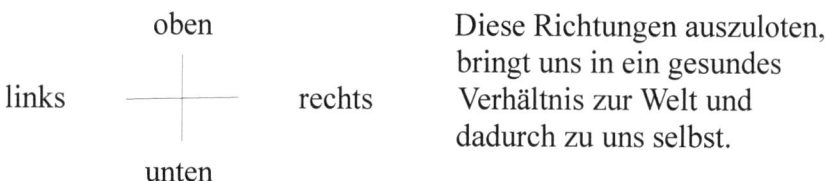

oben

links   rechts

unten

Diese Richtungen auszuloten, bringt uns in ein gesundes Verhältnis zur Welt und dadurch zu uns selbst.

Oben: Die Beziehung zum Geist, zu den menschlich-moralischen Werten, zum Sinn beziehungsweise zum Himmelsbezug. Das Wozu zu allem.

Unten: Die Achtung vor dem Leben. Erdverbundenheit. Das Wie des Weges.

Links: Das Problem, das aus der Vergangenheit in der Gegenwart auftritt. Das verführende, ausweichende Element. Luzifer. Illusionen und Eitelkeiten wollen die Wahrheit nicht sehen.

Rechts: In welche Richtung, in welche Zukunft, wohin geht der Weg? Verhärtungen, Ängste, Minderwertigkeitsgefühle und Lügen wollen uns klein halten. Ahriman. Bequemlichkeiten lassen stagnieren.

In diesem Kreuz hilft sich der Mensch nur selbst, wenn er Licht und Frieden im Herzen, in sich selbst finden kann. Ein Bewusstsein der Verantwortung für sich selbst und für die Welt schafft eine gewisse Zentrierung, die uns zunächst in die Enge und in die

Pflicht nimmt, wodurch aber erst in der Weiterentwicklung eine Heilung geschehen kann.

Die Mitte, der Kreuzespunkt ist auf diesem Erden-Wege zu suchen und zu finden. Er gleicht einem Nadelöhr. Diese Enge und Verdichtung kann natürlich Schmerzen bereiten. Dahinter geschieht jedoch erst eine Heilung, denn von hier, von diesem Punkt der Mitte und des Ausgleichs, fließt die Heilkraft, das innere Feuer, das alle Dunkelheiten und Einseitigkeiten beleuchten, erwärmen, umschmelzen und dadurch wandeln kann.

Die vier Raumesrichtungen sind Stufen und Helfer dorthin. Sie können natürlich auch als Hindernisse erlebt werden, an denen wir aber wachsen und reifen können. Wir haben im Kreuz nämlich immer zwischen zwei Möglichkeiten, uns zu entscheiden. Das Kreuz kann negativ betrachtet werden, dann wirkt es verneinend, schwer und krankmachend. Wir resignieren an ihm. Oder wir sehen das Positive darin, in dem wir sinnsuchend positive Kräfte daraus entwickeln. Dies kann gesellschaftlich wie auch individuell umgesetzt werden.

Jedoch, es ist auch nicht damit getan, nur noch das Gute und Positive gelten zu lassen. Die negative Kraft (das Problem, die Krankheit, die Krise) muss angenommen und akzeptiert werden. Wir müssen sie ja nicht gutheißen, aber sie gehört zu mir, zu uns, denn sie ist in der Vergangenheit, zum Beispiel durch das Karma, das heißt, durch frühere Taten und Einstellungen geschaffen worden.

Der Menschen-Geist kann sein Karma, sein Schicksal aber auch verwandeln und zwar, indem wir etwas Gutes, etwas Besseres daraus machen wollen. Wie ein Künstler, der einen Stoff so lange modelliert bis etwas Schönes daraus entsteht, so können wir unseren Schwächen und Unvollkommenheiten eine Vision, ein Ziel geben und zwar in eine selbstbestimmte und selbstgewählte Richtung hin, was eben daraus einmal werden soll.

Zunächst ist uns der Geist von Außen, durch unsere kulturelle Prägung und von „oben", durch sittliche und moralische Werte vorgegeben. Das ist unsere kulturelle Vergangenheit. Er soll aber heute und in der Zukunft immer mehr in uns selbst erstehen, in der

Mitte, in mir und somit nicht mehr nur von Außen verordnet sein. „Sei Du selbst!" Das ist der Ruf der Zeit.

Alte Kräfte, Abhängigkeiten und emotionale Verstrickungen können wir in uns hinein zurücknehmen, anschauen und akzeptieren lernen. Unsere Wunden, unsere Verletzungen und egoistischen Neigungen gehören zu uns. Sie bestimmen unser Sein und Werden in der Welt.

Jedoch, erst in der Mitte, in unserem Kreuzespunkt ist ein wirklicher Freiheitsraum; hier haben wir die Möglichkeiten zu wählen, wohin ich meine Visionen führen will. Der Kreuzespunkt im Inneren, da wo die menschliche Freiheit existiert, da ist der Punkt, wo der Geist in mir ersteht. Von da aus kann ich meine Wunden und Schwächen in einer meditativ-betrachtenden Haltung anschauen und annehmen.

Hier kann und darf ich wie ein Kind sein, wo ich nichts mehr abschätzig bewerte und verurteile, und worin eine bedingungslose Liebe entspringt, wie das Licht der Sonne, das alle Dinge und Wesen gleichermaßen bescheinen will.

Mit und in dieser reinen Kindheitskraft gehen wir mit den Kräften des Lebens spielerisch und voller Freude um. Ein Quell des Lebens ersteht in diesem Punkt in uns, aus dem Freude, Zuversicht, Liebe und Kreativität in alle Richtungen sprudeln will.

Lassen wir deshalb die selbsterrichteten und das Leben verneinende Schranken zusammenbrechen. Hören wir auf, uns selbst klein, schlecht und unwürdig zu machen, wie natürlich in der Folge dann auch die Mitwelt; lassen wir das Leben in uns sprechen, das in unsrer Mitte weilt, so wird fließen der heilige, der heilende Geist. Er hat in uns eine Wohnung errichtet, ganz so wie dies Christus uns verkündet hat.

„Und ich werde Euch senden den Geist der Wahrheit und der Erkenntnis - Er wird Euch frei machen".

Und dies auf dem Wege zum und mit dem Kreuz.

Gemeinschaft mit Engeln

In allem ist Geist - im Feuer, im Wasser, in der Luft, in der Erde, in den Pflanzen, Tieren und Steinen. Alle Welten sind bewohnt von unzähligen Wesenheiten. Die Natur und alles was existiert könnte nicht sein ohne diese Wesen aus den übersinnlichen Sphären. Von den höchsten Engelwesen bis zu einfachen Natur- und Elementarkräften ist eine unermesslich weite Bandbreite des Seins ausgespannt und vorhanden, die jedoch in jedem einzelnen Sein mit dem „großen Ganzen" verbunden sind. Diese Geistwesen, die hinter den Erscheinungen der Natur, der Planeten und der Sterne wirken, sie helfen uns, wenn wir uns ihrer für würdig erweisen.

Denn unsere Geistseele im Inneren, unser inneres Wesen ist ebenfalls mit allem vereint. Nur das irdische Ich hat sich aus dem großen Kosmos ausgesondert und führt ein getrenntes Einzeldasein. Das ist der Preis unserer Freiheit. Doch diese Freiheit enthält eben auch die Möglichkeit, sich bewusst wieder den geistigen Wesen annähern zu wollen. Die geistige Welt wartet auf diese freie Entscheidung. Solange sind wir uns und unserem Schicksal überlassen.

Manchmal wird behauptet, in der heutigen Zeit haben sich die Götterwelten zurückgezogen, auch weil man von diesen im alltäglichen Leben nichts mehr bemerkt. Sicherlich gibt es eine „Götterdämmerung", so wie diese in den germanischen Mythen beschrieben ist. Aber nur, um die Freiheit des Menschenwillens zu gewährleisten. Jedoch, ab wann der Punkt erreicht ist, an dem wir wieder einen Kontakt mit den höheren Sphären aufnehmen wollen, dieser Punkt ist in unsere freie Entscheidung gestellt. Da wir mit unserer Ich-Entwicklung beziehungsweise unserem materialistischen „Ego-Trip" heutzutage an gewisse Grenzen stoßen und wir uns nur noch mehr abschotten würden und damit in die völlige Isolation kämen, so ist eine Umkehr zwingend angesagt. Die geistige Welt wartet dabei auf unseren ersten Schritt, dann kann sie uns auch wieder entgegenkommen.

Die Wesen des Lichtes und der Liebe, sie können uns wahrnehmen, vor allem, wenn wir ihnen mit der entsprechenden Einstellung und Aura begegnen. Sie sind immer da, nur müssen wir ihnen Achtsamkeit und einen seelischen Raum schenken: durch innere Dankbarkeit, Geduld, Mitgefühl und Liebe. Eine Kommunikation kann sich ereignen in Respekt, Achtung, Freundlichkeit und Demut. Auf das leise Berührtwerden, wie ein Seelenhauch, ist in der Stille zu warten.

„...und die Engel dienten ihm..." (Evangelium)

Auch uns dienen sie, sogar bis in alltägliche Belange hinein, was zum Beispiel Fragen des Berufes, der Gesundheit, der Familie und der Gemeinschaft, sowie der natürlichen Umwelt betrifft. Selbst für Finanzen und zum Finden der Lebensaufgabe können Engelwesen zu Hilfe und zu Rate gezogen werden.

Denn auf dem langen Weg zu Gott, zum Urgrund allen Seins, zur Quelle des Lebens, begegnen wir vielen Geistwesen und himmlischen Führern. Sie sind uns vorausgegangen und sind daher viel näher am Ursprung, daher haben sie auch eine größere Sicht und Weisheit.

Wenn wir Menschen geistig wachsen, uns also weiterbilden, so ist das wie eine Nahrung für sie. Die geistige Welt nährt sich eben auch von den lichtvollen und moralischen Ausstrahlungen der Erdenbewohner. Das heißt mit anderen Worten, wir dürfen auch etwas zurückgeben von dem, was uns geschenkt worden ist. Wir Menschen, wir nähren uns ja nicht nur vom „Brot" allein, sondern vom Wort Gottes, vom Leben Gottes und vom Geist Gottes, der im Menschen auferstehen will.

Gott schenkt uns die Fülle, die Gnade und die Wahrheit - und dies vor allem auch durch seine Geschöpfe, den himmlischen Hierarchien und den Elementen der Welt.

Alles ist beseelt, selbst die Materie wird von einer Geistseele getragen. Unsere Geistseele ist mit allen Geistseelen verbunden. So haben wir als Menschen das natürliche Anrecht, mit allen Welten kommunizieren zu dürfen. Wir brauchen daher nicht auf die physische Welt beschränkt bleiben. Unsere Beschränkung auf das Sinnlich-Sichtbare ist das Problem, das durch unsere innere Einstellung, vor allem durch den inneren Zweifel an allem Übersinnlichen verursacht wird. Ich betone es nochmals: Wir haben ein natürliches Recht, uns mit unserem wahren Sein, mit der Welt des Geistes zu verbinden und mit ihr zu kommunizieren und dort unsere Wohnstatt aufzubauen. Denn wir urständen mit unserem inneren Wesen in diesen Welten.

Der „verlorene Sohn" darf zurück zum Vater. Er muss nicht verstoßen bleiben und in der Fremde herumirren. Der Vater schickt uns immer wieder Boten, die uns eine Hilfe und Orientierung bringen, wenn wir in der „Fremde" wieder einmal in eine Sackgasse geraten sind.

Engel sind die Boten des Einen. Wir dürfen uns ihnen gegenüber öffnen, einen inneren Raum geben, sie anwesend sein lassen, was vor allem in einer dankbaren und demütigen Haltung geschieht.

Das Ego möchte ja immer alles am besten können und sich in nichts reinreden lassen. So bläht es sich weiter und weiter auf. Alles scheint machbar zu sein. Der Fortschrittsgedanke der „Weltenmacher" steigert die menschliche Hybris ins schier Unendliche. Der Technikwahn und die künstliche Intelligenz verbringen sichtbar große Taten, dem „Turmbau zu Babel" gleich.

Doch führt dies alles zu einer inneren Befriedigung, zu einem Sinn und zur Fülle der Seele? Oder ist es wirklich nur das Ego, das sich in diesen Werken ein eigenes Podest errichtet, sich also selbst erhöhen will?

Ich denke, wir werden recht bald erkennen können, dass sich der „verlorene Sohn" in einer „Sackgasse" befindet. Denn aller äußerliche Reichtum kann die Seele auf Dauer nicht befriedigen.

So kann es manchmal auch gut sein, nicht immer alles selbst machen zu wollen. Wir dürfen Hilfen annehmen. An bestimmten schwierigen Krisenpunkten im Leben ist es sogar notwendig, einfach zu kapitulieren. „Ich weiß nicht mehr weiter und unterstelle mich der Führung der höheren Welten".

Wachen und Beten. Erwachen für das innere Sein. Stille.

In der Stille - im Nullpunkt - im Nichts - ist der Raum, in dem sich Neues offenbaren kann, das nicht mehr von persönlichen Wünschen und Eitelkeiten tangiert wird.

Engel, die Boten Gottes, sie sind immer da und sie helfen, wenn wir sie bitten, natürlich unter der Voraussetzung, dass unser persönliches Schicksal, das Karma, dies zulässt. Die Engelsphären können wir erspüren, wenn wir uns in diese gefühlsmäßig auf- und einschwingen. Eine reine und lautere Stimmung, aber auch eine Heiterkeit und Gelassenheit lässt etwas von den Engelsphären erahnen. Meistens werden wir uns jedoch erst dann an die lichteren Sphären wenden, wenn es uns gar nicht gut geht. Auch dann nehmen die Engel unser Bitten und Flehen wahr und sind immer bereit zu helfen, sofern dies unser Karma zulässt.

Wenn wir einen bewussten Kontakt mit Engeln erreichen wollen, sind anfangs einige einfache Vorkehrungen zu treffen.

Ein schöner, sauberer und ruhiger Raum ist vorteilhaft, den man etwas räuchern kann. Ein Engelgebet, eine Anrufung und eine Meditation stimmen uns ein.

Hier möchte ich zwei Engelgebete anführen, die eine gute Ansprache bedeuten können:

„Ich bitte darum, dass Gottes Wille auch mein Wille sei.
Wenn das, worum ich bitte, nicht zu meinem Besten ist,
entfernt diese Wünsche und gebt mir, was für mich am besten ist.
Lasst mich lernen, was immer ich lernen muss.
Liebe Engel, ich bete und bitte um ein Bewusstsein eurer Gegenwart und bedanke mich für eure Anwesenheit.
Helft mir, für eure Energien empfänglich zu werden.
Liebe Engel, lasst eure Liebe und euer Licht weiterhin hell durch mein Leben scheinen und geleitet mich durch alle Fährnisse.
Liebe Engel, lasst mich euch nahe sein und eurer Anwesenheit bewusst".

Schutzengel-Gebet

„Engel des Herrn, mein heiliger Beschützer,
bewahre die Gottesfurcht in meinem Geiste,
führe mich auf dem Weg der Wahrheit
und geleite meine Seele zur himmlischen Liebe.

Steh an meiner Seite, Du gütiger Engel des Herrn
und mein Beschützer;
erleuchte mich, denn meine Seele ist verdunkelt.
Du bringst mir das göttliche Licht".

Wir bilden nun eine Schutzaura aus Licht und reinen Gedanken
und liebevoll heiteren und ehrfurchtsvollen Empfindungen und
Gefühlen. Wir bitten sodann um Schutz und Führung.
So können wir uns an die verschiedensten Engel wenden. Zum
Beispiel an unseren Schutzengel, der als treuer Wächter unsere
vielen Erdenleben begleitet. Ihm dürfen wir besonders dankbar
sein. Fragt ihn zum Beispiel nach seinem Namen. Er wird ihn uns
mitteilen. Der Name ist Auftrag, Aufgabe von ihm. Die Bedeutung
des Namens zeigt die Qualität und die Kraft, die der Engel uns
schenken kann.

Nun möchte ich hier noch die großen Engel erwähnen, die uns be-
sonderen Schutz und Stärke zukommen lassen. Diese Engelwesen
aus der Hierarchie der Erzengel und Archai, sie stehen wie große
Wächter an den vier Enden des weiten Raumes. Wir Menschen
können uns im Zentrum dieser vier Raumesrichtungen erfahren.
So stehen die vier großen Engel uns immer an den Seiten bei, so
wie dies die folgende Anordnung veranschaulichen will.

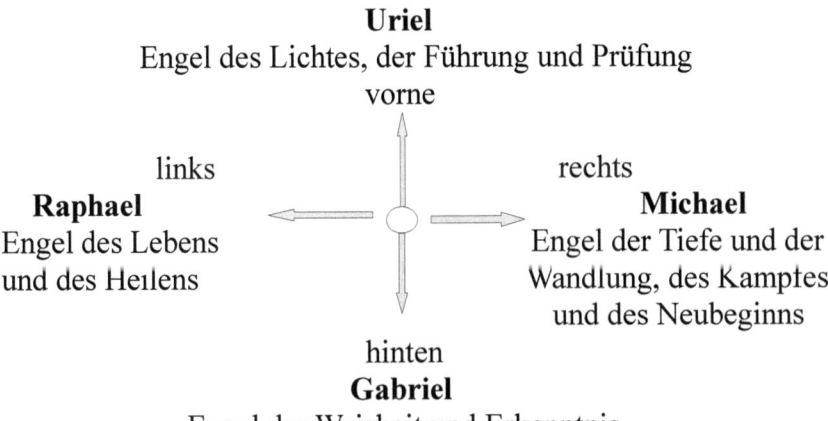

Uriel
Engel des Lichtes, der Führung und Prüfung
vorne

links   rechts
Raphael   **Michael**
Engel des Lebens   Engel der Tiefe und der
und des Heilens   Wandlung, des Kampfes
        und des Neubeginns

hinten
Gabriel
Engel der Weisheit und Erkenntnis

Schön ist es, wenn wir für jeden Engel einen Gegenstand, zum Beispiel ein Bild oder ähnliches, im Zimmer aufstellen, wodurch wir an sie erinnert werden, wenn wir uns an diese Wesen mit einer Bitte oder einem Auftrag wenden. Natürlich können uns auch andere Engel behilflich sein, wie der Engel der Familie, des Berufes oder der Gesundheit. Hier sind die vier „Eckpfeiler" genannt, denn in diesem Kreuz können wir unsere Mitte, unsere Zentrierung finden. In der Mitte ist das Feuer des Geistes, die innere Sonne, das geistige Herz. Von hier aus sind wir mit allen Richtungen vereint und verbunden.

Uriel: der Engel der geistigen Führung, der Engel des Lichtes, der Höhe und des Feuers, (die geistige und irdische Aufgabe, die Bestimmung, die Vision, die Fackel des Geistführers).

Michael: der Engel der seelischen Führung, der Kunst, der Tiefe und Wandlung, Engel der Luft, mit dem Lichtschwert, (die Gestaltung im Innen und Außen, der schöpferische Geist gestaltet die Welt).

Gabriel: der Engel der Weisheit und Inspiration, der Engel der Erde, des Innen, (Erkenntnis des Lebens, aus dem Alltag eine Weisheit erringen).

Raphael: der Engel der Liebe, des Lebens, der Heilung, Engel des Wassers, des täglichen Lebens, der Weite, (Mitmenschen, Beruf, Zuhause, Familie, Gesundheit, Alltag).

Diese Mächte, sie gewähren uns Führung, Stärke, Schutz und Liebe. Sie schaffen einen Raum, in dem wir leben und uns entwickeln dürfen. Schon allein deren Namen im Innern angesprochen, lassen sie für uns anwesend sein.

In diesem Sinne darf geübt und getan werden, doch nicht mit bestimmten Erwartungen. Einen absichtslosen, inneren Zustand gilt es herzustellen, der nicht von Zeitdruck und begrenzenden Vorstellungen bestimmt ist, sondern der einen leeren Raum erschafft, in den diese Wesen einwirken und einstrahlen können. Aufs Tun kommt schließlich alles an.

Die Mitte finden

Nun ist es nicht einfach nur so, dass wir uns in eine imaginative beziehungsweise in eine vorgestellte Mitte stellen dürften und die Kräfte des Raumes, also die der Engel würden in uns einströmen und dort alles für uns wie von selbst erledigen. Obworl wir natürlich bereit sein müssen, die Räume der Seele für die Wesen des Lichtes freizumachen, so wie dies im vorigen Abschnitt angedeutet wurde. Diese Grundhaltung darf dann im Weiteren auch eine Form, zum Beispiel die des folgenden Gebetes annehmen:

„Göttlicher Vater, göttliche Mutter, Heilige Dreifaltigkeit,
Ihr Engel und Erzengel, Ihr Diener Gottes und Diener des Lichtes,
Ihr meine himmlischen Freunde, Euch öffne ich mein ganzes Wesen.
Lasst Euch in mir nieder, führet und schützet mich und verfügt über mich, so wie es der Wille Gottes ist.
All mein Denken und Tun sei zur Ehre Gottes - in Liebe dargebracht, damit das göttliche Reich auf Erden erblühe".

Damit will uns die geistige Welt jedoch nicht zu Medien machen, durch die sie alleine handelt. Die guten Wesen bedrängen nicht und sie handeln nicht ohne unseren selbstbestimmten Willen, denn das würde unsere Freiheit und damit unser Menschsein beeinträchtigen. Sie wollen viel eher Menschen vorfinden, die sich persönlich so weit entwickelt haben, damit sie in Korrespondenz und dann auch in Einklang, in Resonanz mit diesen kosmischen Wesen und Qualitäten kommen können.
In den Raumeskräften wirken letztlich geistige Wesen, die in uns individualisiert sein wollen, das heißt, wir haben in der Seele die entsprechenden Archetypen selber auszubilden. Dann erst kann eine Resonanz mit geistigen Welten und Wesen stattfinden. Dies bedingt konsequenterweise einen seelisch-geistigen Schulungsweg, bei dem wir in Eigeninitiative bestimmte Qualitäten und Archetypen in uns empfangen und entwickeln dürfen. Es muss

sich dabei immer ein wechselseitiger Prozess ereignen: zwischen dem Eigenwillen und dem höherem Willen, zwischen dem sich Öffnen und Empfangen, sowie dem Ergreifen und dem sich Aneignen, damit Göttliches und Menschliches zusammenkommt.

Die Vierheit des Raumes lässt sich sodann in etwas differenzierter Weise in folgender Abbildung schematisieren:

Vorne

der Stab, der Speer,
das Zepter
der König und Krieger
Feuer
Uriel - Vision, Geistesflamme
Süden
Same - Kind
Wille - Zukunft

Links   Rechts

Kelch, Schale,   das Schwert
Pokal,
der Heiler   der Lehrer, Meister
Wasser (des Lebens)   Luft
Osten   Westen
Raphael - Engel des   Michael - Engel der
Alltags, der Vitalität   Liebe und Kraft, der
und des Lebens.   Form, der Wandlung und
         des Todes.

Neubeginn – Fühlen   Urteilskraft – Denken
Gemeinschaft,   Individualisierung,
die Frau   der Mann

Hinten
der Stein, der Kristall
Münze - Erde
Norden
der Seher, der Priester, der alte Weise
Gabriel - Engel der Weisheit,

25

Opfer, Reinheit, Karma-Erkenntnis.

Offenbarung - Durchscheinend werden für das höhere Ich.

Großeltern - Vergangenheit soll tragen, nicht behindern.

Aufarbeiten durch das Ich.

Wir dürfen alle vier Richtungen beziehungsweise die jeweiligen Qualitäten entwickeln und in uns leben, denn sie ergänzen sich und bilden erst zusammen eine Einheit. Sind sie im Gleichgewicht in uns integriert und ausbalanciert, so sind wir ein echter Schamane. Der Schamane muss nämlich den spirituellen Krieger, den Lehrer und Meister, den Seher und Priester, sowie den Heiler bis zu einem bestimmten Grad in sich entwickelt haben.

Das Nadelöhr, die Mitte, finden wir, wenn wir nicht mehr nur in eine Einseitigkeit gezogen sind, sondern alle Richtungen in einem Gleichmaß harmonisiert haben. Dies ist natürlich ein langer innerer Prozess, bei dem wir uns zuvor der einzelnen Archetypen bewusst werden müssen.

Wir sollen in uns Krieger, König und Herrscher sein, vor allem durch eine Achtung und dem Respekt vor den Mitmenschen und somit eine Verantwortung für das Ganze übernehmen lernen.

Den Heiler entwickeln wir durch die Liebe und das Mitgefühl, durch Anerkennung und Akzeptanz von uns selbst und allen Mitmenschen, so wie wir eben geworden sind - und natürlich durch ein Gesundheitsstreben und durch eine Offenheit, Reinheit, Fülle und Stärke im Herzen. Das gibt dem Leben Kraft und Sinn.

Den Lehrer entwickeln wir durch Unvoreingenommenheit, durch Objektivität und durch eine gesunde Urteilskraft, sowie einer geistigen Klarheit und Wahrhaftigkeit und natürlich durch Weisheit.

Der Seher (Priester) strebt zur Wahrheit und zum Guten. Ohne Vorwürfe und Verurteilungen soll stets die innere Wahrheit gelebt werden. Den eigenen Lebensstrom gilt es zu verwirklichen. Der kreative Geist will sich darin ausdrücken. Zuvor müssen daher viele aufgesetzte und überkommene Verhaltensweisen erkannt und gewandelt sein. Dies entspricht eben einem seelisch-geistigen Schulungsweg, dem Weg der Läuterung und Reinigung.

Werden diese Archetypen in die Lebenspraxis hereingenommen,

ergibt sich daraus die Lebensaufgabe: zu Wirken aus der Kraft der inneren Wahrheit und Liebe.

Zu diesen vier Grundrichtungen kommen, individuell verschieden, vier lebenspraktische Bereiche hinzu. Das heißt, diese Archetypen wollen natürlich im Lebensalltag angewandt werden. Unter welchen persönlichen Signaturen diese Bereiche nun stehen, kann durch Überlegung, Erfahrung (wo kommt mir die Welt mit Fragen und Bedürfnissen entgegen) oder durch inneres Ergründen oder auch, wenn nichts weiterhilft, durch das Legen eines Orakels gefunden werden. Man kann dafür zum Beispiel für jede Raumesrichtung eine Tarot-Karte ziehen, die Aufschluss gibt, wo und wir den Krieger, den Heiler, den Priester oder Lehrer leben können.

Diese Archetypenlehre bildet nun das Grundgerüst, auf dem man weiter aufbauen kann. Die menschliche Seele ist weit und dementsprechend vielfältig. Wie die Raumesrichtungen verfeinert werden können (Süd-Ost, Süd-West, Nord-Ost, Nord-West), so auch die Seelenarchetypen. Auf einem fortgeschrittenen Geistesweg wollen eben noch mehr Qualitäten erworben sein.

Hier führe ich nun eine achtfache Gliederung an, die für die männliche Seele, den Animus, sowie für die weibliche Seele, der Anima, angegeben werden kann.

Für den Animus:

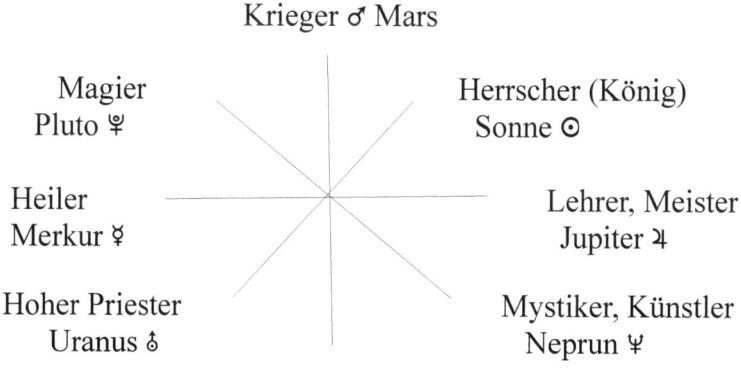

Krieger ♂ Mars

Magier
Pluto ♇

Herrscher (König)
Sonne ☉

Heiler
Merkur ☿

Lehrer, Meister
Jupiter ♃

Hoher Priester
Uranus ♅

Mystiker, Künstler
Neprun ♆

Seher,
alter Weiser ♄ Saturn

Für die Anima:

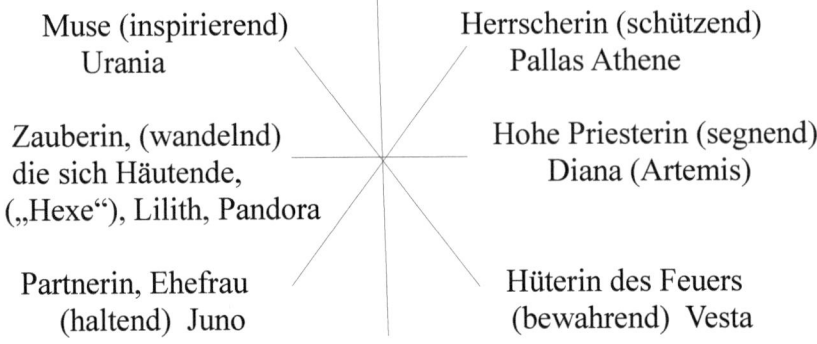

Geliebte (wärmend)
Venus ♀

Muse (inspirierend)
Urania

Herrscherin (schützend)
Pallas Athene

Zauberin, (wandelnd)
die sich Häutende,
(„Hexe"), Lilith, Pandora

Hohe Priesterin (segnend)
Diana (Artemis)

Partnerin, Ehefrau
(haltend) Juno

Hüterin des Feuers
(bewahrend) Vesta

Mutter (nährend)
Mond ☽

In einem Geburtshoroskop kann nun über die Planetenstände individuell eingesehen werden, ob ein Archetyp schwach oder stark veranlagt ist. Somit können wir versuchen, darauf ausgleichend und fördernd einzuwirken.

Bei einem Mangel einer Planetenenergie hilft zum Beispiel eine Rückschau oder eine innere Reise zur entsprechenden Herrscherkarte im Tarot, die mit dem jeweiligen Planeten verbunden ist oder auch in einem Orakel gefunden werden kann. Eine Seelenreise zu dieser blockierten Energie kann vergangene Weisen aufzeigen, so wie dieser Archetyp beziehungsweise wie diese Planetenenergie bisher eben gelebt wurde.

Für jeden Planeten finden wir nämlich eine entsprechende Tarot-Karte, manchmal auch mehrere. Für den Herrscher beziehungsweise den König (die Sonne ☉) und den Magier (Pluto ♇) ist dies eindeutig, ebenso für den hohen Priester (Uranus ♅) und den Einsiedler (Saturn ♄). Ist die Zuordnung nicht so einfach zu finden, kann eine Tarot-Karte gezogen werden.

Mit diesem Bild können wir dann auf eine innere Reise gehen. Dabei sind alle in der Seele aufsteigenden Bilder anzunehmen und

28

zu akzeptieren. Eine Aufarbeitung dieser Seeleninhalte ist immer auch ein Erkenntnisprozess, wodurch wahrgenommen und eingesehen werden kann, was uns aus alten Mustern und Verhaltensweisen immer noch für einen gesunden Fortgang behindert.

Wie jedoch soll oder will der entsprechende Archetyp zukünftig gelebt werden? Dies ist letztlich doch entscheidend.

Dazu müssen wir die Imaginationen der verschiedenen Archetypen in deren geistigem Ursprung, in ihrem Kraftquell erfahren und diese in uns hineinnehmen.

Hat jemand zum Beispiel Probleme mit Autorität, Macht und Ohnmacht, so kann das Bild des Herrschers oder des Magiers herangezogen werden. In der Meditation wird dieses Bild und die zugehörige Kraft nun verinnerlicht und innerseelisch angeeignet. Zusätzlich kann über die entsprechende Planetenenergie gearbeitet werden; zum Beispiel mit der Homöopathie (Metalle, Pflanzen), wenn eine krankmachende Stockung aufgetreten ist. Aber bitte nicht mit Hochpotenzen über D 50, die in das Karma eingreifen und Energien freisetzen, die der heutige Mensch mit seinem jetzigen Wesensgliedergefüge noch nicht ichhaft erfassen kann. In späteren Inkarnationen, in denen er dann in der Lage sein wird, diese hochgeistigen Energien handhaben zu können, werden ihm diese Kräfte fehlen, die er jetzt schon durch die Hochpotenzen verbraucht hat. Heute geht es eben darum, das eigene Leben ichhaft gestalten und wandeln zu lernen.

Die Astrologie liefert Erkenntnisse, was beziehungsweise welche Planetenenergie gerade dran ist. Sonst bleibt doch alles wieder nur Theorie. Was ist das Lebensthema - jetzt; welcher Archetyp will bearbeitet werden?

Ein spielerischer Umgang mit diesen Kräften will erlernt sein. Dazu müssen oftmals die extremen und gegensätzlichen Seiten erfahren und kennengelernt werden, um nach und nach eine Mitte finden und dann auch leben zu können. Wir können nämlich jede Energie und jeden Archetypen in einem Mangel oder in einem Übermaß und schließlich im rechten Maß erleben.

Desweiteren ist das Ganze, ist der Stern mit den acht Richtungen und Qualitäten zu berücksichtigen. Wenn hauptsächlich nur ein

Archetyp gelebt wird, entsteht auf Dauer gesehen eine Einseitigkeit. Dann gilt es zunächst den Gegenpol hinzu zu bringen, so wie dies nachfolgend ersichtlich werden kann: Herrscher - Priester, Heiler – Lehrer, Magier - Mystiker, Krieger – Seher; für die Anima gilt dies entsprechend: Geliebte - Mutter, Herrscherin - Partnerin, Muse - Hüterin, Priesterin – Zauberin, also die sich Wandelnde als eine Künstlerin.

In allem ist demzufolge immer eine Ganzheit anzustreben. Darin findet sich eine vollendete Seele. Der Reichtum des Lebens besteht ja nicht so sehr im Anhäufen von Eigenschaften und Besitztümern, sondern viel eher in einem kreativen und spielerischen Wechsel, in einem Wandeln und Ausgleichen bestimmter Fähigkeiten, die wir je nach Situation entsprechend anwenden lernen. Dazu wollen diese Gedanken hier anregen.

Das spielerische Element, es ist in der Mitte des Sterns beheimatet, von wo aus alle Richtungen und Kräfte angeschaut und gestaltet werden können. Die Mitte finden wir über den Zugang der einzelnen Seiten, wenn diese in sich harmonisch ausgebildet und ausgeglichen sind. In der Mitte ist das Ich zu finden, der eigentliche Wesenskern. Alles Außen kann natürlich auch nur als Rolle, die wir im Leben spielen, angesehen werden oder als Betätigungsfeld für das Ich, worin es sich entwickeln und stärken kann.

Die Mitte ist daher nicht das einzige Ziel. Wir müssen immer wieder daraus austreten, einzelne Bereiche des Lebens anwenden und erfüllen. Doch der Zufluchtspunkt, der Quell des kreativen Gestaltens ist in dieser Mitte zu finden.

Der Mittelpunkt, unser inneres Selbst, ist nie fixiert. Dieser Punkt bewegt sich, je nachdem, wo unsere Einseitigkeiten sind. Daher ist es so schwer, ihn immer zu finden beziehungsweise ihn festzuhalten. Im Ausbalancieren und Harmonisieren, im Ausgleichen und Abwägen, im Zurücknehmen und Dazutun, also in einem spielerischen Wechsel erfahren wir mehr und mehr diese innere Kraft. Es ist letztlich die Kraft der Liebe, die Verschiedenheiten verbinden, aussöhnen und verzeihen kann.

Geistvoll Wirken - der spirituelle Krieger

Zum Wirken in der Welt gehört neben einer gesunden Lebenseinstellung vor allem die Frage nach dem Beruf, denn durch die Arbeitswelten gestalten wir die gesellschaftlichen Belange maßgeblich mit. Nur gibt es heutzutage leider viele Menschen, die eine Arbeit verrichten, mit der sie sich in ihrem Innersten nicht wirklich identifizieren können.

Alte Traditionen und Berufe werden in heutiger Zeit nur noch selten generationsübergreifend weitergegeben. Jeder Einzelne ist bei seiner Berufswahl daher nur noch sich und den gesellschaftlichen Rahmenbedingungen ausgesetzt.

Viele junge Menschen sind jedoch vielfach überfordert, die richtige Wahl zu treffen, vor allem, weil in den Schulen zu wenig darauf geachtet wird, was der Einzelne an individuellen Fähigkeiten und Talenten mitbringt. Das heutige Schulsystem stülpt den Heranwachsenden immensen Lernstoff über, den sie zu verdauen haben. Dabei soll man sich mehr oder weniger den Forderungen aus der Wirtschaft und den bürokratischen Institutionen anpassen, sich also diesen eingliedern.

Dass dabei viele Qualitäten der heranwachsenden Menschen gar nicht gelebt und gefördert werden, ist offensichtlich. Kein Wunder, wenn die Jugend in der Folge rebelliert, wie in den 60-iger und 70-iger Jahren des letzten Jahrhunderts und wenn das auch nichts bringt, irgendwann einmal resigniert, sich anpasst und im Konsum und Freizeitvergnügen eine Kompensation wählt, die leider aber das eigentliche Problem nicht anpackt. Doch die Konsequenzen einer verkehrten Pädagogik werden wir alle zu spüren bekommen, so wie dies jetzt auch schon immer mehr durch wissenschaftliche Studien belegt werden kann und in einer Zunahme von Gewalt und Schulverweigerern ganz offensichtlich in Erscheinung tritt.

Wir brauchen ganz neue Werte, was das Lernen, was die Arbeit, das Geldverdienen und das Einbringen der individuellen Fähigkeiten betrifft. Diese Werte haben sich zukünftig am Individuum selbst zu orientieren und dürfen nicht mehr von „Außen oder Oben" übergestülpt sein.

In der Astrologie gibt es drei Komponenten, die eine Aussage zu den Themen Geld, Werte und Beruf machen können. Und zwar sind es die drei Erd-Häuser, die bestimmte Bereiche aufzeigen, wo und wie wir das Erdenleben individuell ergreifen und uns darin einbringen können.

Das zweite Haus entspricht dabei dem Stier-Haus. Es ist der Bereich des Besitzes, des Geldes, des Umgangs mit Grund und Boden, sowie mit dem Leiblichen und Materiellen, der sich darin äußert, aber auch der eines persönlichen Selbstwertgefühls, das durch Anlagen und Talente gestärkt werden kann, wenn wir diese ausbauen und fördern können.

Womit und durch was verdienen wir unser Geld? Brauchen wir viel Grund und Boden, ein luxuriöses Haus oder ist uns Besitz und Geld nicht so wichtig? Diese Fragen wollen individuell beantwortet sein und können in ihrer Grundstruktur in einem Horoskop eingesehen werden.

Das sechste Haus entspricht der Jungfrau-Qualität, wo es um Arbeit, Fleiß und dem Einbringen und Anpassen an die Arbeitswelt geht. Hier zeigt sich, je nach Aspektierung und Besetzung, ob wir hier viel zu tun haben, zum Beispiel als Angestellter oder mehr die Unabhängigkeit, die Freiheit oder einen Teamgeist in einer entsprechenden Arbeitsgemeinschaft wählen.

Die Tierkreiszeichen, die die entsprechenden Häuser belegen, verraten etwas über das Was, also welche Qualitäten die Arbeitswelt für den Einzelnen innehaben sollten, zum Beispiel mehr im Sozialen oder die Arbeit an der Erde, in der Technik oder in der Wissenschaft und so weiter.

Das zehnte Haus entspricht nun der Steinbock-Qualität. Hier geht es um die eigentliche Berufung, um die persönliche Lebensaufgabe, dem ganz eigenen Produkt, das ich der Welt zu geben vermag. Dies ist wohl für viele die schwierigste Aufgabe, an der nicht wenige zerbrechen und unglücklich werden. Denn eine Berufung erfüllen zu können, schenkt dem Leben Sinn und Zufriedenheit.

Ich persönlich habe mich ein halbes Leben rumgeplagt, bis ich herausgefunden habe, was wohl meine Aufgabe, meine Berufung ist. Ich brauchte dazu viel Reifezeit und Geduld, da ich durch das irdische Leben selbst wenig Förderung in diese Richtung bekam. So muss man sich manchmal alles selbst aneignen.

Natürlich können wir den Engel des Berufes bitten und fragen, ihn anrufen, da sein lassen und „hören", was er spricht. Jedoch, die Engel führen die Menschen heute eher zu sich selbst, als dass sie etwas vorschreiben. Wir werden also immer wieder auf uns selbst zurückgeworfen. Eine freie Entscheidung ist verlangt, die wir nur nach unseren eigenen Möglichkeiten und Veranlagungen geben können. Eine Maxime gibt es jedoch für das Wirken in der Welt. Sie lautet: Lebensmut - Lebensfreude - Lebenslust.

Aus diesen Qualitäten heraus können wir unseren Lebensweg und damit unseren Beruf selber wählen. Nichts ist dabei mehr vorbestimmt. Auch die Sterne bestimmen nicht. Sie zeigen nur unsere Neigungen, Veranlagungen und Möglichkeiten. Auf diesen können wir selbsttätig aufbauen. Schön wird es dann natürlich sein, wenn wir den Beruf mit der Berufung zusammenbringen können, so wie dies bei bestimmten Berufen, zum Beispiel bei Lehrern, Ärzten, Priestern, Landwirten, Künstlern und ähnlichen eh schon möglich ist.

Der Medium Coli, das ist der höchste Punkt im Horoskop, der Zenit, er deutet auf den Ort der Berufung hin. Er kann im Arbeitsleben gefunden werden oder in freier geistiger Beschäftigung.

In der Wassermannzeit befindet sich dieser MC-Punkt generell im Tierkreiszeichen des Skorpions. Hier geht es gesamtgesellschaftlich gesehen um Transformation und Wandlung. Eigene Vorstellungen, was die Frage der Berufung betrifft, sollen sich daher verwirklichen. Oftmals geht das einher mit dem Tod von Althergebrachtem und von überholten Fremdeinflüssen. In einem spirituellen Sinne kann diese Skorpion-Qualität für die Berufung bis hin zum Wirken des Weltenwillens gereichen, das heißt, dass eine Berufung zu einem Ausdruck des Weltenwillens wird.

Bis wir aber so weit sind, werden in unserer Zeit vielfältige Begabungen verlangt. Das Leben fordert von uns eine Vielseitigkeit und Flexibilität. Viele Talente und Möglichkeiten gilt es daher einzubringen oder sich zu erwerben. Was will und kann ich der Welt geben? Was sind meine „Produkte" für die Welt? Das ist die eine Seite.

Was kommt mir aus der Welt an Interessen und Fragen entgegen? Wo ruft mich die Welt? Wo werden meine Fähigkeiten und Produkte geschätzt und benötigt? Das ist die andere Seite, die wir nicht erzwingen können.

Wenn ich jedoch viele Fähigkeiten beziehungsweise viele seelisch-geistige Archetypen entwickelt habe und einsetzen kann, wird die Chance zum Wirken in der Welt größer werden.

Im vorigen Kapitel hatten wir einige Archetypen angesprochen, die es gilt in der eigenen Seele zu entwickeln, um vollständiger und innerlich reicher werden zu können. Hier nenne ich sie nochmals mit den ihnen zugehörigen Planetensymbolen, um daraus eine astrologische Einsicht gewinnen zu können, wo und wie diese Archetypen gelebt und verwirklicht werden sollen.

Der Magier - Pluto ♇, der Heiler – Merkur ☿ und Chiron ⚷, der Priester - Uranus ♅ , der Seher und alte Weise - Saturn ♄, der Mystiker und Künstler - Neptun ♆, der Lehrer - Jupiter ♃, der König und Herrscher und manchmal auch nur der Vater - Sonne ☉ und der spirituelle Krieger - Mars ♂, sie können im irdischen Dasein entwickelt werden, um ein reiches und wirkungsvolles Leben in der Welt ermöglichen zu können.

Mit diesen Archetypen ist aber keine bestimmte Berufswahl verbunden. Wenn es darum geht, zum Beispiel den Priester in sich zu entwickeln, so kann dieses Priesterliche in allen Berufen und überall angewendet werden. Priester wird man, wenn man segnen lernt - alles. Jegliche Gegenstände, Räume, Nahrungsmittel, Pflanzen, Tiere und Menschen dürfen vom inneren Priester mit göttlichem Licht und göttlicher Liebe berührt, erfüllt und gesegnet sein.

Jeder dieser Archetypen hat somit eine spezielle Aufgabe und Entwicklungsmöglichkeit. Hier will ich näher auf den spirituellen Krieger, den Eroberer, auf die Marskraft und ihre Entwicklungsmöglichkeit eingehen, da dieser die Welt erobern und ergreifen soll. Denn was nützen die besten geistigen Fähigkeiten, zum Beispiel die des spirituellen Lehrers, wenn man sie nicht in die Welt zu bringen vermag.

Der spirituelle Krieger ist der Krieger des Herzens, er kämpft deshalb zuallererst in seinem eigenen Inneren. Er soll sich dabei in die Mitte, in das Herz stellen können und von da aus nach Außen wirken. Um jedoch in das geistige Herz gelangen zu können, müssen viele Tiefen, Enttäuschungen und Illusionen durchschritten und erkannt worden sein. Der sogenannte astrale Lügengürtel umhüllt nämlich unser spirituelles Herzzentrum. Diesen müssen wir erkennen und durchlichten lernen, um mit dem reinen und kindlichen Herzen in Kontakt treten zu können.

Noch einmal erwähne ich daher das Kreuz, mit dessen Hilfe wir die Mitte finden können.

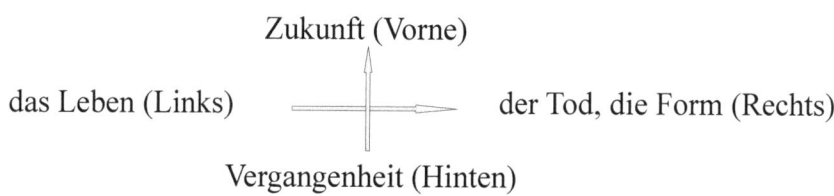

Zukunft (Vorne)

das Leben (Links)　　　　　　　　　der Tod, die Form (Rechts)

Vergangenheit (Hinten)

Der spirituelle Krieger hat die Integration dieser vier Daseinskomponenten zu bewerkstelligen. Sein Handeln greift in die Zukunft ein und ist erobernd nach Außen gerichtet. Beim entgegengesetzten Archetypen, dem Seher und Weisen beziehungsweise dem Eremiten, gehen die Intentionen mehr nach Innen. Das heißt mit anderen Worten, dass immer beide Pole berücksichtigt werden sollen. Nur eine Qualität ausbilden zu wollen, genügt auf Dauer nicht. Zum Eremiten gehört der Krieger und umgekehrt. Siehe dazu auch die Abbildung des Sterns mit den acht Archetypen im vorigen Kapitel.

Die Tarot-Karte für den Krieger ist das Bild des Wagenlenkers, der die Zügel für ein weißes und ein schwarzes Pferd halten muss, die vor seinem Wagen gespannt sind. Wir haben es hier also mit polaren Kräften zu tun, die der Krieger beherrschen und handhaben lernen muss (Innen und Außen, Licht und Finsternis et cetera).

Im Kreuz zeigt sich in der Ausrichtung nach vorne mehr ein männliches Element, das in die Zukunft strebt. Das Alte, das Vergangene will mit dem Zukünftigen zusammengeführt sein. Und die Zukunft soll ja auf Vergangenem aufbauen können. Die Vergangenheit prägte unser irdisches Ich, unsere Persönlichkeit. Die Zukunft soll geleitet sein vom höheren Ich, vom hohen Selbst. Der Wagenlenker bringt das menschliche und das göttliche Selbst zusammen; er hält alle Zügel straff in den Händen und dirigiert die polaren Kräfte.

Die Ebene von links nach rechts repräsentiert mehr das weibliche Element. Darin zeigt sich zunächst das eigene Unbewusste, im Weiteren unsere Weltverbundenheit. Für den spirituellen Krieger kann dies nun bedeuten, zwischen den Kräften des inneren Lebens, des triebhaften Drängens und denen der Form, den Verantwortungen und Verpflichtungen, dynamisch eine Mitte finden zu wollen. Lebenspraktisch können zum Beispiel für einen Mann an diesem Lebenspunkt durchaus zwei Frauen wichtig werden oder aber die eigene Frau verkörpert beide Seiten in sich. Die eine, die rechte Seite repräsentiert den Formpol, zum Beispiel in der Ehe, in der Familie und in den Verantwortlichkeiten im Alltag, wie auch eine Verantwortung tragende Erdverbundenheit. Die andere, die linke Seite beflügelt, vitalisiert, zeigt aber auch gewisse Abgründe und innerseelische Verstrickungen auf und bringt in der Auseinandersetzung damit, eine Klärung und Heilung. In Dreiecksbeziehungen verweist diese Seite auf die Geliebte hin.

Wie leicht können wir uns in diesen Polen, im Bilde das schwarze und das weiße Pferd, zerrissen fühlen, wenn wir nicht verbinden und ausgleichen können. Das Menschliche in uns vermag es erst, diese Extreme anzunehmen. Jeder Aspekt hat nämlich eine Berechtigung und ist wichtig für das Wirken in der Welt. Die Kunst ist es doch wieder nur, eine Mitte zu finden, den Punkt, der alle Kräfte zügeln und ordnen kann, was eben dem Wagenlenker und dem spirituellen Krieger entspricht. In diesem Punkt erst bin ich wahrhaft Mensch.

So weit, so gut. Habe ich mich als Mensch bis dahin entwickelt, so dass ich mit mir zufrieden und ausgeglichen sein kann, so fehlt mir immer noch die Gemeinschaft der Menschen, für die man wirken darf und soll. Wie finde ich also den Ort des Wirkens, ob ich nun als Heiler, Lehrer, Priester, Künstler oder sonstwie auftreten will? Wo ist meine „Heimat", wo gehöre ich hin? Diese Frage kann uns lange beschäftigen und aufhalten.

Der Ort, die Heimat ist für den spirituellen Krieger vor allem im Geist oder mit anderen Worten: im Baum des Lebens. Da ist unsere wahre Heimat. Dahin müssen wir gelangen, um als Lehrer, Priester, Heiler, Magier et cetera wirken zu können.

Wiederum findet der spirituelle Krieger den Weg dorthin. Im Wort Krieger steckt kriegen, erreichen. Natürlich ist damit auch ein innerer Kampf verbunden, denn viele Eigenschaften und Verhaltensweisen, wie die Bequemlichkeit, die Eitelkeit, der Ehrgeiz, der Zorn und die vielfältigsten Ängste müssen dabei überwunden werden. Mut, Tapferkeit, Kraft, Stärke und Ausdauer sind hierfür vonnöten. Der spirituelle Krieger muss dazu noch eine Wachsamkeit, Präsenz und Achtsamkeit entwickeln, wenn er im Hier und Jetzt, also in der Mitte, im Zentrum verweilen will. Präsenz und Achtsamkeit verbinden mit der Mitte, mit dem Herzen und mit der Welt.

Also gilt es, die vier Richtungen des Raumes mit der Mitte des Herzens zusammenzubringen.

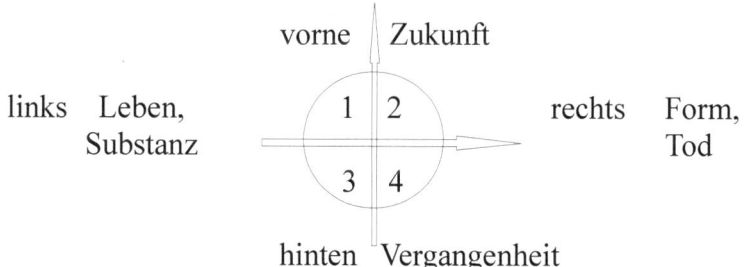

Im Menschen sind es entsprechend die vier Herzkammern, die die vier Richtungen zusammenbringen können. In diesen Herzkammern können sich seelische Kräfte und Fähigkeiten ausbilden. Zwischen der Zukunft (vorne) und dem Leben (links) erbildet sich die Stärke und der Mut - 1.

Zwischen der Zukunft (vorne) und dem Tod (rechts) erbildet sich die Offenheit - 2.
Zwischen der Vergangenheit (hinten) und dem Leben (links) ersteht die Fülle - 3.
Zwischen der Vergangenheit (hinten) und dem Tod (rechts) möge die Reinheit hervorgehen - 4.
So darf der Krieger nach allen Seiten hin ausstrahlen:
- Nach Links mit der Stärke und Fülle, im und für das Leben zu kämpfen.
- Nach Rechts mit der Offenheit und Reinheit, dem Tod beziehungsweise auch den Verantwortlichkeiten entgegen zu gehen.
- Nach Vorne mit einer Stärke und Offenheit für die Zukunft einzutreten.
- Von Hinten bereichert mit der Fülle und Reinheit aus der Vergangenheit. Die Vergangenheit kann uns zu Fülle (innerem Reichtum und Dankbarkeit) und Reinheit (Läuterungen) gereichen.
Die Mitte eint durch die Kraft der Liebe. Hier ist der Ort für den spirituellen Krieger - das Nadelöhr zum Geist. Dieser innerste Punkt kann durch die Kraft der Liebe gefunden, aufgebrochen und durchschritten werden. Die innere Mitte, die Liebe ist der Ort, der zur wahren Heimat führt - zum Baum des Lebens.
Der Baum des Lebens ist uns in der Kabbalah durch das israelitische Volk, also durch eine jüdische Geistigkeit Gottes überliefert und aufgezeichnet. Er enthält, trägt und befruchtet alle Äußerungen und Manifestationen des Göttlichen, alle geistigen, seelischen und irdischen Ebenen und Daseinsbereiche. Die zehn Stufen im Baum des Lebens werden die Sephirot genannt. Über allen Ebenen und Sphären strahlt das göttliche Ain Soph - das „Nichts", denn dafür gibt es keine Begriffe mehr.
Wir Menschen stehen auf der irdischen Ebene, Malkuth genannt und sollen durch die unterschiedlichsten Welten über diese zehn Stufen zum Ursprung hingelangen. Alle Ebenen zusammen bilden jedoch erst den Baum des Lebens, das heißt mit anderen Worten, dass alle Ebenen gleichermaßen berücksichtigt und anerkannt sein wollen.

Kether ist die geistige Wurzel, die erste und „göttlichste" Manife-
station des Lebens, aus der die Kraft und der Wille herkommt, in
der alles als geistige Substanz und schöpferische Potenz beheimatet ist. Ich möchte hier aber keine Grundlagen über die 10
Sephirot ausarbeiten, denn dafür gibt es schon eine reichhaltige
Literatur. Mir geht es darum, ein einfaches Prinzip herauszu-
finden, wie man mit diesem Lebensbaum lebenspraktisch umgehen und arbeiten kann. Dafür zeichne ich ihn hier schematisch
auf, mit den entsprechenden Begriffen, Stichworten und astrolo-
gischen Symbolen.

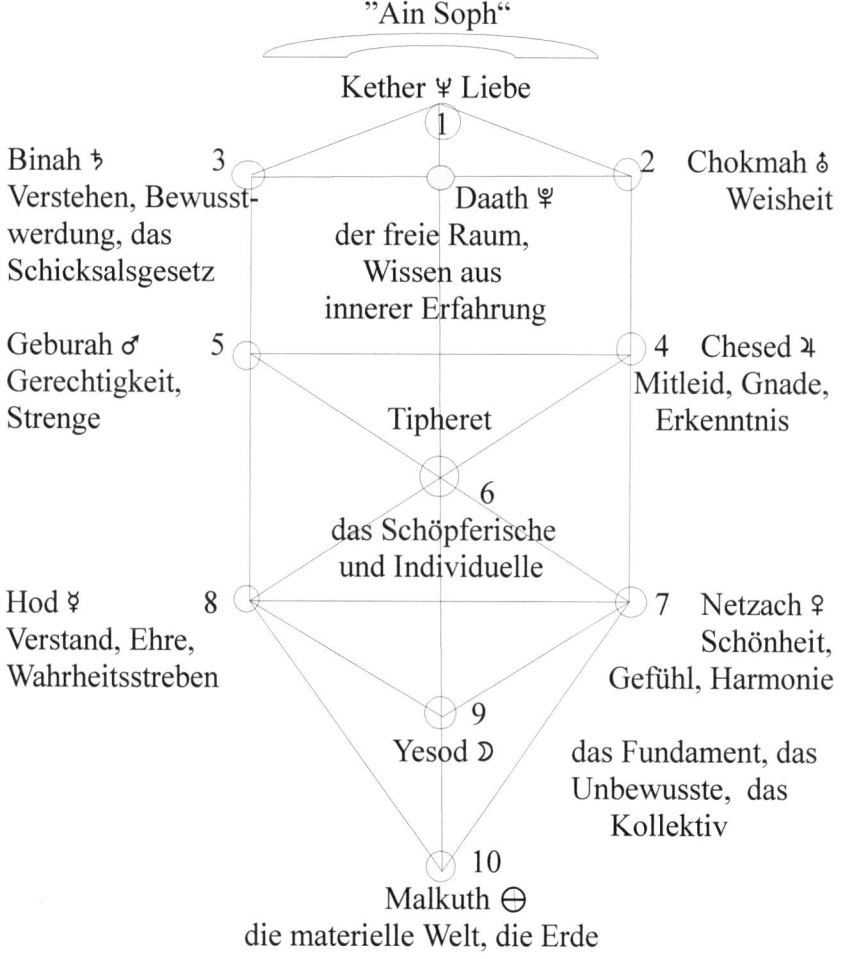

"Ain Soph"

Kether ♀ Liebe
1

Binah ♄   3
Verstehen, Bewusst-   Daath ♀   2   Chokmah ♃
werden, das   der freie Raum,   Weisheit
Schicksalsgesetz   Wissen aus
innerer Erfahrung

Geburah ♂   5
Gerechtigkeit,   4   Chesed ♃
Strenge   Mitleid, Gnade,
Tipheret   Erkenntnis
6
das Schöpferische
und Individuelle

Hod ☿   8
Verstand, Ehre,   7   Netzach ♀
Wahrheitsstreben   Schönheit,
Gefühl, Harmonie

9
Yesod ☽   das Fundament, das
Unbewusste, das
Kollektiv

10
Malkuth ⊖
die materielle Welt, die Erde

22 Verbindungswege gibt es zwischen den einzelnen Sephirot, was den 22 großen Arkanen des Tarot entspricht. In der oberen Waagerechte ist ein Bereich angedeutet und als graue Ellypse mit der Benennung Daath eingezeichnet, der im herkömmlichen „Baum" noch nicht enthalten ist, der aber von vielen Kabbalisten angenommen wird. Daath beschreibt eine Stufe auf der mittleren Säule, die nach der Sonnensphäre (Tipheret) wie eine Art Schlüssel und Prüfung fungiert, wo alles angesammelte Wissen des Lebens mit den Urbildern des Seins verglichen und in Harmonie gebracht werden kann.

Von der Erde aus betrachtet, also von unserem menschlichen Standpunkt aus gesehen, ergeben sich drei Säulen, die nach oben führen. Die rechte Säule wird als die Säule der Gnade bezeichnet. Sie umfasst die Venus-Ebene, in der wir ein Gefühl für Harmonien und die Schönheit entwickeln dürfen, sowie die Jupiter-Ebene, in der es darum geht, Mitgefühl und Güte zu erreichen, um schließlich von der Weisheitssphäre des Uranus befruchtet werden zu können. Die Säule der Gnade entspricht in analoger Weise der linken Seite des Kreuzes beim spirituellen Krieger.

Die linke Säule im Lebensbaum ist die Säule der Strenge und entspricht der rechten Seite des Kriegers. Das Streben nach Wahrheit und eine intellektuelle Kenntnis der Welt ist dabei zu erschließen. Dies entspricht der Merkur- beziehungsweise der sogenannten Hod-Ebene. Die Mars-Ebene bringt uns in Verbindung mit der Strenge des Gesetzes. In der Schöpfung waltet Gerechtigkeit. Die Saturn-Ebene bringt schließlich eine Einsicht und ein Verstehen der Schicksalskräfte. Dies entspricht vor allem dem Weg des menschlichen Denkens.

Somit kann schon einmal eingesehen werden, dass beide Säulen polar zusammengehören und somit in einem Gleichgewicht gehalten werden müssen. Die eine Seite gleicht die andere aus und ergänzt sie. Daraus bildet sich der mittlere Weg - vom irdischen Sein (Malkuth) und der Vergangenheit (Jesod) über das schöpferische Gestalten (Tipheret) der Gegenwart, bis hin zu einer Zukunft im Reiche des Urgrunds der göttlichen Liebe (Kether).

Der leere Bereich zwischen Tipheret und Kether, also zwischen dem menschlichen Geist und der menschlichen Liebe und dann dem göttlichen Geist und der göttlichen Liebe, ist ein Freiheitsraum, in dem alle unsere menschlichen Erfahrungen in ein freigewähltes Kommunizieren mit dem göttlichen Sein einmünden können. Dieser freie Raum (Daath) vermag es, den menschlichen Geist mit dem göttlichen Willen und mit der göttlichen Kraft in Einklang zu bringen. Hier, in dieser plutonischen Ebene begegnet sich der menschliche und der göttliche Wille.

Die rechte und linke Säule fordern und fördern uns. Die mittlere Säule, das ist der zeitgemäße, rechte Weg, er muss vom Menschen selbstbestimmt gegangen werden. Die linke und die rechte Seite, das denkerische und das fühlende Vermögen, sie tragen und balancieren die Mittesäule aus. Der Wagenlenker geht den „rechten" Weg, den Weg der Mitte beziehungsweise den des freien Willens, in dem er die beiden Pole im Gleichgewicht hält.

Der mittlere Weg umfasst den Leib $\ominus$, die Seele $\mathd$, den menschlichen Geist $\odot$ und gereicht allmählich zum göttlichen Willen und Ursprung hin. In der freien Sephirot (Daath) geschieht die Einigung von menschlichem und göttlichem Willen, der Gottesfunke findet darin einen Raum im Menschengeist. Dieser Freiraum entspricht der plutonischen Sphäre. Alles Niedere muss einmal um des Höheren willen überwunden und losgelassen werden. Hier geht es folglich um Tod und Sterben von alten und überholten Lebensweisen. Der Eigenwille stirbt. Das Ich verschenkt sich frei dem Geist. Der marsische und menschliche Eigenwille opfert sich in den plutonischen Weltenwillen hinein. Der göttliche Wille darf fortan wirken. Der spirituelle Krieger vollendet sich auf dieser Ebene im Baum des Lebens. Göttliches darf wirken.

Der Baum des Lebens stellt somit die vertikale Verbindung im Kreuz des Menschen dar. Diese vertikale Verbindung von der Erde zum Himmel ist dreifach, wie wir den Säulen entnehmen dürfen und entspricht im energetischen System des Menschen den Kanälen Ida, Pingala und Shushumna in der indischen Terminologie, die an der Wirbelsäule entlang laufen.

Die Säule der Strenge verweist auf die Kräfte des göttlichen Vaters; die Säule der Gnade entspricht der göttlichen Mutter und

41

die Säule der Mitte führt den Menschen zur göttlichen Liebe, zum Christus hin. Von da aus kann ein gesundes und liebevolles Wirken in die Welt hinein beginnen.

Ein Zitat von Omraam Mikhael Aivanhov, einem Lehrer der Weißen Bruderschaft, möge dies hier Gesagte zusammenfassen und abrunden.

„Den Sinn des Lebens finden, das heißt das Element finden, das euch nur die göttliche Welt geben kann; und sie gibt es nur denjenigen, die während vieler Jahre Anstrengungen gemacht haben, um es zu erreichen. Denn der Sinn des Lebens ist die Belohnung für eine geduldige, unaufhörliche innere Arbeit, die der Mensch an sich selbst ausgeführt hat.

Wenn er einen bestimmten Bewusstseinszustand erreicht hat, erhält er vom Himmel einen Lichtkeim, wie einen Lichttropfen, der sein ganzes Wesen durchdringt. Ab diesem Moment erhält sein Leben eine neue Richtung und Intensität. Er betrachtet die Ereignisse mit einer neuen Klarheit, wie wenn er Kenntnis vom Grund aller Dinge erhalten hätte."

Der rechte Weg

In unserer Zeit gibt es die vielfältigsten spirituellen Wege und Disziplinen. Betrachten wir hierzu die Geistesgeschichte der Menschheit, so finden wir zwei grundlegende Weltanschauungen, die den vielen inneren Wegen ihre Ausrichtung gaben und die bis heute nichts von ihrer Aktualität verloren haben. In der vedischen Kultur werden sie der Advaita- und der Sankhya-Weg genannt.

Gerade heute ist die Advaita-Philosophie bei manchen Geistsuchern wieder sehr aktuell, da es im „esoterischen Dschungel" recht viele Angebote von „Erleuchteten" gibt, die sogenanntes Satsang beziehungsweise spirituelle Unterweisungen und Übertragungen anbieten.

Um aber etwas differenzierter betrachten zu können, um welches Phänomen es sich hier handelt, ist es sinnvoll, die philosophischen Grundlagen dieser Systeme anzuschauen. Denn grundsätzlich handelt es sich in diesen beiden Wegen um den Ewigkeitsaspekt, dem Advaita und um den zeitlichen Aspekt, dem Sankhya. Schließlich gibt es ja beide Aspekte des Lebens und so dürfen und können diese auch in uns entwickelt werden. Da brauchen sich verschieden ausgerichtete Weltanschauungen gar nicht gegeneinander wenden, denn sie haben ihre jeweilige Berechtigung.

Ewigkeit im Sinne der Advaita-Philosophie, ist aber nicht als eine endlose Zeit gedacht, sondern eher als ein Zustand außerhalb von Raum und Zeit, der dann alle Dualitäten überwunden hat.

Die Sankhya-Philosophie anerkennt die Dualität und arbeitet gerade mit diesem Dualprinzip von Licht und Finsternis, von Mann und Frau, von Sonne und Mond, von Leben und Tod und so weiter. Hier geht es folglich mehr um eine Integration, das Duale, zum Beispiel Sonne und Mond, Mann und Frau, Himmel und Erde, sie sollen miteinander verbunden werden. Dies war zum Beispiel auch die Arbeit der Alchymisten, die alle Seiten des Daseins erforschen, integrieren und veredeln wollten. Das Merkur-Element vermag es dabei, die dualen Kräfte von Sonne und Mond, von Licht und Finsternis oder von Mann und Frau zu verbinden.

Merkurius ist hierbei der Götterbote oder auch das Kindprinzip. Die vedische Sankhya-Philosophie durchzieht somit viele geistige Strömungen, zum Beispiel die der Manichäer, die alle gemeinsam haben, dass sie sich zwischen die Kräfte des Lichtes und der Finsternis hineingestellt fühlen. Der einzelne Mensch sieht sich darin zwischen dem Himmel, dem Geist und der Erde, der Materie eingesponnen oder sogar eingekerkert. In dieser Dualität soll er sich allmählich von allen niederen Elementen befreien, das heißt, er soll die Materie überwinden und wieder ins Lichtreich zurückkehren. Dies gleicht dem Weg eines „Gipfelstürmers", wodurch die Materie letztlich als Maya, als Schein oder als etwas Minderwertiges betrachtet wird.

Der Advaita-Weg sucht gleich einen Seins-Zustand außerhalb des kosmischen Systems, damit den Zustand der Nicht-Manifestation, der im reinen, im schöpferischen Potential, in einem unmanifesten Chaos beziehungsweise im „Nichts" oder im sogenannten Nirvana vorhanden ist.

Der Advaita-Schüler sucht deshalb die innere Leere, was letztlich aber mit einem Auslöschen der Persönlichkeit verbunden ist. Denn gerade die Persönlichkeit ist es ja, die sich zwischen den obengenannten Polen erlebt und ausbilden will.

Advaita sucht quasi nach einem Ideal, nach dem Grund, wo kein Begehren und keine Identifikation mehr wirken kann, sondern ein reines Sein ersteht, das nicht mehr mit Worten zu beschreiben ist. Dies entspräche in biblischer Terminologie einem Urzustand des kosmischen Menschen, der in sich das Ebenbild Gottes erfährt beziehungsweise noch mit diesem vereint ist. Das Göttliche im Zustand des „Ain Soph", ausgedrückt in der Kabbalah, ist reines Sein, das keine Bewegung, kein Begehren mehr braucht, da es in sich selbst ruht und verweilen kann.

Die Sankhya-Philosophie nimmt dagegen die geschaffene Welt, den Baum des Lebens mit allen Ebenen an und versucht sich darin zu entwickeln. Dies entspricht dem Menschen als dem Gleichnis Gottes, das heißt, er soll Gott, dem Schöpfer einmal gleichen können. Vom Ich her, mit der Kraft seiner Persönlichkeit soll der Mensch allmählich selbst zum Schöpfer werden, in dem er alle

Daseinsreiche vom Baume des Lebens erfährt, integriert und weiterbilden kann. Und dies vor allem mit dem „Erkenntnisbaum", von dem er ja gegessen hat, um das Lichte vom Finsteren unterscheiden zu lernen. Damit erschafft er eine neue Welt. Dies ist der Weg, den die meisten Menschen, vor allem im Westen gewählt haben, ob sie sich dessen bewusst sind oder auch nicht.

Man kann ja durchaus streiten, welcher Weg nun der Bessere und für den Einzelnen der Lohnendere ist. Das führt aber nicht wirklich weiter. Ich denke, so wie wir heute leben, so wie wir uns mit dem Irdischen verbunden und verstrickt haben, auch karmisch gesehen, müssen wir die Dualität anerkennen und auf ihr aufbauen, denn sie enthält eben auch große Entwicklungsmöglichkeiten. Die Advaita-Philosophie verzichtet logischerweise auf diese Entwicklung. Sie verneint letztlich die Schöpfung.

Hier nun möchte ich einen dritten Weg vorstellen, der Geist und Materie, Sonne und Mond, Himmel und Erde gleichermaßen anerkennt, das heißt, kein Pol wird bevorzugt.

Natürlicherseits unterliegt das sinnliche und irdische Sein dem Prinzip des Entstehens, Werdens und Vergehens, das heißt, seine Gestalt wandelt sich. Nur das geistige Prinzip ist von Dauer, ist „ewig" und steht daher über allem Vergänglichen. Für den Menschen beziehungsweise für seine persönliche Entwicklung ist der Bereich des Werdens und Gestaltens aber so wichtig, dass ich hier keine Prioritäten setzen möchte, ob nun das Ewige oder das Zeitliche vordergründig und wichtiger sein soll. Zudem ist im irdischen Leben eine dritte Sphäre, ein drittes Element zu durchschreiten. Wir kennen eben nicht nur eine himmlische, übersinnliche Welt und eine irdische, sinnliche Welt, sondern auch eine untersinnliche Welt, wie diese zum Beispiel in der Technik durch Kräfte der Elektrizität, des Magnetismus und der Atomenergie zutage tritt. Die untersinnliche Welt verweist in einem Bild betachtet auf die „Höllenfahrt" des Menschen in das Abgründige, in die Verlassenheit und Einsamkeit hinein, bis wir wieder ans Licht kommen und dadurch unsere wahre Berufung und Bestimmung finden können. „Durch Nacht zum Licht", so ist das eben.

Hier stellt sich gerade für die heutige Menschheit eine große Aufgabe, nämlich der Mensch als ein Mittler zwischen diesen Welten. Die untersinnliche Welt, darin sehe ich vor allem eine therapeutische Aufgabe, hin zu einer seelisch-geistigen Wandlung, denn zu leicht kann man sich darin auch verlieren, so wie dies in heutiger Zeit immer sichtbarer wird.

Die sinnliche Welt darf gestaltet, gepflegt und geliebt werden. Dafür sollen wir uns verantwortlich fühlen. Und die himmlische Welt, sie gibt und schenkt uns Kraft, Sinn und die Ziele für das Wirken in der Welt. Somit kann die Fülle des Himmels im Irdischen erprobt und individualisiert werden. Das Erfahren einer inneren Leere ist dabei nur eine Etappe auf dem Weg zur eigentlichen Fülle. Es gilt daher, den Himmel auf die Erde bringen zu wollen. Mit Weisheit und Liebe kann auch das Finstere, das dämonisch Abgründige, erhellt und allmählich erlöst werden.

Die Sinneswelt ist dabei das Betätigungsfeld und ein Spiegel für die nichtsinnlichen Welten. Hier trifft Himmel und Hölle zusammen, das heißt, die irdische Welt zeigt uns auf, wo wir noch nicht genügend geläutert und gewandelt sind. Der eigentliche Kampfplatz ist jedoch in der menschlichen Seele. Die äußere Welt zeigt und spiegelt eben nur, was wir innerseelisch noch nicht bewusst gemacht und aufgearbeitet haben.

Ohne Himmelskräfte sind wir den vielfältigsten dunklen Mächten ausgeliefert. Ohne Licht, das alles beleuchtet, gibt es nämlich gar kein gegenständliches Bewusstsein. Das Unbewusste, die Dunkelheit könnte uns ohne ein Licht der Erkenntnis treiben und beherrschen. Daher ist die Kommunikation, das merkuriale Element mit den Himmelswesen so dringlich. Unsere Bestimmung beziehungsweise unsere Berufung zum Wirken in der Welt und damit auch die schicksalhafte Aufgabe für das irdische Leben, kommt vom „Himmel", von unserem höheren Wesen. Ohne Himmel, ohne Impulse, Ideale und Mahnungen von „oben" würden wir uns im Irdischen allzu leicht verstricken oder gar verlieren.

Gerade deshalb ist die Berührung und die Verbindung mit dem Schicksalsengel und dem Engel der Berufung so wichtig. Wir brauchen dringend Einsichten in das Wirken der Welten- und der Schicksalskräfte und dürfen daher um eine innere Führung bitten.

Es geht letztlich darum, dass wir im Erdensein Fähigkeiten, Talente und Qualitäten entwickeln und leben, die von Innen kommen, die wir im und durch den Geist erworben haben. Das Innere, die Herzensweisheit, wird sich sodann einen Weg suchen, der dem Einzelnen auch im Äußeren entspricht und diesem förderlich ist.

Leider stellt sich diesen Herzens-Innenkräften oftmals viel Altes und Unvollkommenes entgegen, so unser Sicherheitsdenken und unsere Ängste, zum Beispiel die Angst zu versagen, zu scheitern oder die Angst, ich bin nicht gut genug, niemand braucht mich oder niemand will mich und einiges mehr. Diese Kräfte wirken und kommen aus dem Unterbewussten der Seele und hindern zumeist, das Leben in vollen Zügen gedeihen zu lassen.

Jeder Mensch hat seine seelischen Wunden aus der Vergangenheit, die wir so lange mit uns tragen, bis wir sie erkannt, angenommen und gewandelt haben. Ein Heilungsprozess darf und soll uns auf dem rechten Weg begleiten. Nur nach dem Himmel zu streben, genügt eben noch nicht. Wir müssen schon in die Niederungen der Seele hinabsteigen und anschauen, was da noch alles an Unerlöstem harrt.

Seelische Wunden tun meistens aber weh. Deshalb schützen wir uns allzu gern, um nicht wieder auf sie zu stoßen. Wir nehmen deshalb eine bestimmte Rolle ein, setzen quasi eine „Maske" auf, um ja nicht das wahre, das unvollkommene und unfertige Gesicht zeigen zu müssen.

Doch wie schon Joseph Beuys aussprach: „Zeige mir deine Wunde", so kann man heute sagen, ohne diese Wunden finde ich keinen ehrlichen Zugang zu mir selbst und damit auch nicht zu den Mitmenschen und schließlich auch nicht zur geistigen Welt.

Ines Bourbeau beschreibt diese Wunden in ihrem sehr empfehlenswerten Buch: Heile die Wunden deiner Seele. Ich möchte diese Wunden hier nur kurz erwähnen, da ich mich im nächsten Kapitel mit dieser Problematik etwas tiefergehend auseinandersetzen will. Die seelischen Wunden lauten:

Ablehnung, Verlassenwerden, Demütigung, Verrat und Ungerechtigkeit.

Darin finden wir die ursächlichen Gründe für die vielfältigsten seelischen Verhaltensweisen, Einseitigkeiten und Krankheiten.

Um sich zum Beispiel vor Ablehnungen zu schützen, flüchtet der Mensch. Fluchtmechanismen und Möglichkeiten gibt es ja genug. Gerade auch viele spirituelle Menschen, die die „niedere Welt" ablehnen und dann auch von ihr abgelehnt werden, flüchten sich allzu gerne in weltabgewandte Zirkel und Disziplinen hinein. Ein spiritueller Weg darf aber keine Flucht vor den Alltagsrealitäten darstellen.

Das Verlassenwerden beziehungsweise die Angst davor, führt in Abhängigkeiten hinein, das heißt, man versetzt sich in die Rolle, setzt damit die Maske des Abhängigen auf, hängt sich also wo ran, um ja nicht verlassen zu werden oder das Gefühl des Verlassenseins erleben zu müssen. Die Demütigung beziehungsweise das Gedemütigtwerden führt zu einer Unterwürfigkeit, der Verrat, das sich verraten fühlen zu einer übermäßigen Kontrolliertheit und die Ungerechtigkeit, also das Gefühl, ungerecht behandelt zu werden, zu einer Starrheit hin.

Diese Wunden wurden in vergangenen Zeiten jeweils in einer traumatischen Situation angelegt und werden solange wiederholt beziehungsweise in einem neuen Leben in der Kindheit wieder hervorgerufen und angeeignet, bis wir sie erkennen und lösen lernen. Das klingt zunächst natürlich sehr kurz und etwas aufgesetzt. Ich kann hier jedoch nicht die Inhalte des oben genannten Buches wiederholen, denn mir geht es um die Konsequenzen, die sich daraus für einen geistigen Weg ergeben.

Eine Bedingung für die Heilung solcher Wunden ist zuerst einmal das Annehmen und Akzeptieren und letztlich auch das Erlieben dieser Wunden, denn sie erfüllen einen Zweck und haben daher auch einen tieferen Sinn.

Haben wir zum Beispiel das Problem, im Leben sich öfters abgelehnt zu fühlen, so weist dies auf eine Wunde in uns hin. Wir lehnen vielleicht unbewusst auch gerne selbst ab. Daraus entstand und entsteht sicherlich viel Leid und Verbitterung, aber auch viele Schuldgefühle, wenn wir selber ablehnend und überheblich agieren. Das gehört eben alles zu den Wunden dazu. Um diese heilen zu können, dürfen und sollten wir sie annehmen und auch uns selbst verzeihen, denn so sind wir eben auch und es ist gut beziehungsweise der Lebenssituation entsprechend gewesen, so zu sein. Dann erst können wir sie wandeln, loslassen und vergessen.

Wenn wir unsere Wunden und Mängel dagegen moralisch verurteilen und schlechtheißen, bleiben sie immer an uns haften. Wir können sie zwar mit „Gutem" überspielen, doch im Unterbewussten rumoren diese Energien kräftig weiter, bis dahin, dass wir daran erkranken.

Um eine Sache wirklich vergessen zu können, müssen wir sie zuvor angenommen, integriert und erliebt haben. „Liebe Deine Feinde" - dieser Ausspruch des Christus lässt sich auch auf unser Innenleben anwenden. Unsere Schattenseiten, der dunkle Bruder in uns, er kann durch die Liebe gewandelt und erlöst werden. Erst danach dürfen wir die Gnade des Vergessens erleben - der Raum wird frei für einen Neubeginn.

Was uns zustößt, ist meistens das Resultat unseres Karma´s oder es zeigt ein Hindernis, an dem wir wachsen können. Wir dürfen dafür dankbar sein. So können wir an unseren Schwächen schließlich wachsen und sie allmählich mit der Hilfe des Geistes, mit der Kraft der Liebe überwinden. Ein Heilungsprozess verläuft folglich nach bestimmten Gesetzmäßigkeiten und Stufen ab, die ich hier zusammenfassend erwähne.

Das „Alte" muss bewusst gemacht, aufgearbeitet und geheilt werden, aber nicht, in dem man wieder in dieses Alte hineinfällt, es immer wieder erlebt und durchlebt, sondern es anschaut, um daran lernen zu können, um seinen tieferen Sinn zu verstehen und um es wandeln und schließlich auch, um es loslassen zu können, damit etwas Neuem Raum gegeben werden kann.

Ein therapeutischer Prozess beginnt mit einer Bewusstwerdung, medizinisch ausgedrückt, mit der Anamnese und Diagnose. Diese kann natürlich erschüttern; es führt letztlich aber kein Weg daran vorbei, die Tatsachen zu akzeptieren.

Akzeptanz bedeutet aber nicht, wir sollen mit allem einverstanden sein und es gutheißen. Natürlich bleibt das Schlechte schlecht. Doch wenn wir es als Daseinsform annehmen und akzeptieren, so müssen wir nicht mehr dagegen ankämpfen, denn es gehört einfach zum Leben dazu und hat auch seinen berechtigten Sinn. Akzeptanz schafft somit erst die Grundlage für eine bedingungslose Liebe. Wenn wir akzeptieren, hören wir auf zu verurteilen oder Jemanden schuldig zu sprechen oder uns vom Leben, aus Frust und Enttäuschung, abzuwenden und es abzulehnen.

Vielmehr geht es darum, verzeihen zu lernen. Und wenn wir dann noch die ganze Angelegenheit durchlichten, durchlieben und segnen können, ja, dann kann sich eine Heilung ereignen.

Dieser Heilungsprozess ist universell und kann somit in allen Bereichen des Lebens erübt werden. Zuerst in sich selbst und mit den „lieben" Mitmenschen, dann auch in gesellschaftlichen und geistigen Strömungen, in denen manchmal auch viel Streit und unfruchtbare Auseinandersetzungen vorherrschen, wie schließlich auch in Kriegen zwischen einzelnen Völkern, Ethnien und Religionen.

Jemanden ablehnen, bloß weil er nicht den eigenen Vorstellungen entsprechend handelte oder einen Fehler machte, deutet letztlich nur auf die Wunde der Ablehnung hin und auf ihre geistige Entsprechung, dem Wunsch, „groß" oder „größer" sein zu wollen.

Von Mahatma Gandhi gibt es den Ausspruch: „Alle unsere Streitigkeiten entstehen daraus, dass einer dem anderen seine Ansichten aufzwingen will". Und meistens bekämpfen wir im Außen eh nur das, was wir im eigenen Innern nicht sehen wollen. Viele Beispiele werden uns dafür gerade aus der Politik, aber auch aus spirituellen Strömungen geliefert, wie zum Beispiel in den Auseinandersetzungen der Anthroposophischen Gesellschaft, ja selbst in buddhistischen und islamischen Gemeinschaften gibt es zahlreiche Zerwürfnisse. Natürlich spielen dann auch noch die anderen Wunden und Egoverzerrungen mit hinein. Das Alte, auch das Fehlerhafte, darf eben nicht abgelehnt und verurteilt werden, ansonsten würde sich daraus kein gesundes Neues entwickeln können.

Ein Heilungsimpuls tut Not. Nur etwas Besserwissen zu wollen, genügt nicht. Die Liebe ist es schließlich, die heilen und erlösen kann. Diese bedingt jedoch einen guten Geist in uns.

Die Liebe ist eine Herzenskraft. Das wissen wir alle. Um das Herz beziehungsweise um das Herz-Chakra herum, befindet sich okkult betrachtet der sogenannte Lügengürtel. Um zu den reinen, selbstlosen und bedingungslosen Herzens-Liebekräften gelangen zu können, muss dieser luziferische und manchmal auch ahrimanisierte Gürtel erkannt, durchschritten und gewandelt worden sein. Hier, in diesem Zusammenhang des Heilens und Heilwerdens, ist also keine sentimentale und emotionale oder auch leidenschaftliche Liebekraft gemeint, wie diese dem Gürtel der Illusionen entspricht, auch nicht ein erkaltetes und verhärtetes Herz, sondern das wirklich innere Herz, die innere Liebekraft, die aus dem Wesenszentrum des Menschen quillt. In einer bedingungslosen Liebe und damit in einem geläuterten Herzen, ist der gute Geist in uns zu finden. Neue Handlungsweisen können daraus hervorgehen und erprobt werden, wenn wir aus diesen inneren Impulsen des Herzens zu leben beginnen. Das innere Leben darf uns führen, denn es fließt frei aus der inneren Quelle. Sie ist gespeist vom Himmel, der eben auch in uns, in unserem Herzen ist.

Das universale Leben, die „Weltenseele" will in uns zum Wirken kommen. Dazu müssen wir zeitweise „leer" werden, um deren innere Impulse aufnehmen zu können. Nicht aber sollen wir in dieser Leere ständig verweilen. Sie ist nicht das Ziel. Sie bietet aber den inneren, den geistigen Kräften einen Raum, von wo aus diese in der seelischen und dann auch in der äußeren Welt ihre Gestaltungsmöglichkeiten finden können. Darauf kommt es letztlich an.

Es geht also darum, dass wir nach Innen beobachten und lauschen lernen, was kommt mir da entgegen. Welche Impulse und Eindrücke wollen sich ereignen, wenn ich zuvor leer geworden, wenn die „alten" und alltäglichen Seelenregungen schweigen können.

Eine neue Welt, im Innen wie im Außen, gilt es mitzubauen, auf dass der lebendige Geist sich fruchtbringend vermehren und uns helfend beistehen kann.

In diesem Sinne will ich das hier Gesagte im nächsten Abschnitt vertiefen, denn das Leben soll zu einem Heil gereichen; es darf sich ein heilsamer Prozess ereignen, es kann eine Entwicklung hin zu einem Heil bedeuten.

Die Heilung der Seele durch Kräfte des Geistes

Die seelischen Wunden, wie ich sie im vorigen Abschnitt angeführt habe, dienen nicht nur dazu, den Menschen leiden zu lassen. Denn sie haben einen tieferen Sinn und eine geistige Ursache. Darüber hat Ines Bourbeau in dem besagten Buch: Heile die Wunden deiner Seele - wenig geäußert. Ihr Verdienst ist es, auf diese Wunden aufmerksam gemacht zu haben, um sie annehmen, erkennen und akzeptieren zu können.

Die fünf Wunden der Seele verweisen esoterisch betrachtet auf die fünf Wundmale des Christus, die Valentin Tomberg in seinem Buch zu den Großen Arcana des Tarot erläutert hat. Diese Wundmale des Christus Jesus, die ihm am Kreuz von Golgatha zugefügt wurden, will ich in diesem Kapitel in einen Zusammenhang mit den seelischen Wunden des Menschen bringen, so dass daraus eine tiefergehende Erkenntnis und dann auch eine allmähliche Heilung geschehen kann.

Haben wir einmal unsere Masken und Verhaltensrollen erkannt und nähern uns den Wunden, so kann bemerkt werden, dass diese Wunden uns nicht nur peinigen, sondern vor allem auch erziehen wollen. Wir werden zum Beispiel seelisch so lange mit der Wunde der Ablehnung zu tun haben, bis wir uns selbst und andere auch wirklich annehmen gelernt haben, das heißt, bis wir uns ganz auf den Anderen einstellen können, ihn annehmen, akzeptieren und erlieben, ohne dabei aber alles an ihm gutheißen zu müssen.

Die Demütigung geschieht so lange, bis man demütig geworden ist. Das Verlassenwerden will uns dahin bringen, loslassen zu können, ganz auf sich selbst zu bauen. Verraten wird man so lange, bis man sich selbst nicht mehr in seinen inneren, in seinen göttlichen Willensimpulsen verrät. Und gewisse Ungerechtigkeiten erfahren wir so lange, bis wir ganz Gebende geworden sind.

Seelische Befunde und Mängel haben ihre Wurzeln letztendlich im Geistigen. Und hier berühren wir erst wirklich die Wundmale des Christus. Er verweist und zeigt uns schließlich unsere eigenen Wunden - zwei an den Händen, zwei an den Füßen und eine in der

Brust. Die Wundmale spiegeln nämlich den inneren Drang des Egos, also die Wunschnatur des Menschen. Das gefallene, das niedere Ich, der Eigenwille des Menschen, der sich von den kosmischen Gesetzen entfernt hat, gräbt durch seine Wünsche und Taten diese Wunden in die eigene Seele hinein. Sie lauten:

Der Wunsch, groß zu sein - die Brust,
der Wunsch, zu nehmen - die rechte Hand,
der Wunsch, festzuhalten - die linke Hand,
der Wunsch, vorwärts zu kommen, auf Kosten anderer - der rechte Fuß und schließlich der Wunsch, sich zu behaupten, auf Kosten anderer - der linke Fuß.

In diesen Wünschen äußert sich ein tiefer und egoistischer Trieb im Menschen. Ein objektives Sehen und Erkennen dieser Tatsachen wird hier vor allem verlangt.

Nun haben diese seelischen Wünsche eben eine Beziehung zu den Wundmalen. Diese sind sozusagen die Resultate unserer Ego-Bestrebungen. Da die seelischen Wunden jedoch sehr schmerzhaft sein können und uns zudem einen seelischen Spiegel vorhalten, sind wir oftmals bestrebt, sie zuzudecken. Dies führt dann zu den im vorigen Kapitel genannten Masken. Ich führe diese Beziehungen im Folgenden stichwortartig an.

Seelische Wunde	Maske	Geistige Ursache
1. Ablehnung	der Flüchtende	Wunsch, Groß zu sein
2. Ungerechtigkeit	der Starre	Wunsch, zu nehmen
3. Verlassenwerden	der Abhängige	Wunsch, festzuhalten
4. Verrat	der Kontrollierte	Wunsch, vorwärts zu kommen
5. Demütigung	der Unterwürfige	Wunsch, sich zu behaupten.

Valentin Tomberg hat diesen Wundmalen auch die Möglichkeit zu einer Heilung zugewiesen. Diese geschieht durch die drei Gelübde beziehungsweise den Seelenhaltungen und Einstellungen des Gehorsams, der Keuschheit und der Armut, wie sie uns erstmals durch das religiöse Mittelalter überliefert wurden, für die heutige Zeit aber entsprechend umgewandelt werden müssen.

Die Ursache für das erste Wundmal, dem Wunsch, „groß" sein zu wollen, zeigt die menschliche Hybris. Gott ist groß. Ich als Person folge dem Großen - ich gehorche. Das Gelübde des Gehorsams heilt diese Wunde. Wenn ich nicht mehr größer sein will als andere, muss ich folglich auch niemanden mehr ablehnen, denn ich stehe nicht über ihm und er ist mir nicht weniger wert. So muss auch ich nicht mehr abgelehnt werden.

In dieser Wunde spiegelt sich der Sündenfall selbst, so wie wir diesen aus der Genesis kennen. Die Schlange im Paradies redete dem Menschen ein, er könne selbst so groß wie Gott sein und die Kreatur stehe unter ihm. Daraufhin folgten alle anderen Wunden, wie das Verlassensein, die Demütigung, der Verrat und die Ungerechtigkeit.

In diesen seelischen Wunden erkennen wir demzufolge auch den Abstieg aus dem Paradies. Christus nahm diese menschheitlichen Wunden an und erlöste sie durch seine Liebestat.

Die Wunde des Verlassenwerdens resultiert ja aus einem Festhaltenwollen. Das Paradies mussten wir „loslassen", damit Neues, damit ein Freiraum gefunden werden konnte. Es gilt somit, eine Freiheit für sich und für andere zu schaffen und zu gewähren, damit etwas Neues einen Raum finden, damit Entwicklung geschehen kann. Hier hilft das Gelübde der Armut, ebenso wie beim Wunsch, zu nehmen.

„Geben ist seliger, denn nehmen". Wenn wir die Armut der anderen lindern helfen, braucht es keine Ungerechtigkeiten mehr zu geben. Die gibt es nur so lange, wie eben einige immer mehr nehmen wollen, als sie zu geben bereit sind.

Die Demütigung ist das Korrelat zum Wunsch, sich auf Kosten anderer zu behaupten. Kain und Abel liefern dafür ein anschauliches Beispiel. Eine Keuschheit im Herzen bringt es fertig, den Anderen stärker und besser wahrzunehmen, als immer nur sich selbst. Die Liebe ist keusch.

Und der Wunsch, vorwärts zu kommen auf Kosten anderer, der immer wieder zu Verrat und Enttäuschung führt, ist ebenfalls durch ein keusches Herz zu heilen, das für den Anderen einstehen und arbeiten will. „Einer trage des Anderen Last".

Diese kurze Schilderungen bereiten ein neues Sehen der innerseelischen Wirklichkeiten vor.

Wir brauchen geistige Kräfte, um die seelischen Wirren beherrschen zu lernen. Daher will ich die drei Gelübde der Armut, der Keuschheit und des Gehorsams hier noch einmal ansprechen.

Die Armut im Geiste bedeutet zunächst ein inneres Leerwerden. Zu viel Wissen macht oftmals hochmütig und eitel. Die Welt lehnt so jemanden in der Folge oftmals ab, vor allem, wenn dieses Wissen sich in einer Besserwisserei und in einer arroganten Haltung äußert. Die Ablehnung ist dann als ein karmischer Ausgleich zu betrachten.

Ein Gehorsam gegenüber dem Kosmos, sowie die Bereitschaft zur inneren Armut, zur seelischen Bescheidenheit und die Keuschheit, das reine Herz, die reine Liebe, sie helfen, diese schwierigen Aufgaben und Wunden zu heilen. Durch Demut, Staunenkönnen, Ehrfurcht und Verehrung, wie auch durch die Hingabe an die Wahrheit, kommen wir mehr voran, als durch die Wünsche, groß sein, etwas Besseres sein zu wollen oder nur nehmen und festhalten zu wollen, die eben durch die inneren Kräfte und Fähigkeiten aus diesen Gelübden überwunden werden. Mit einem Gelübde kann in heutiger Zeit aber kein Moralkodex gemeint sein. Es geht vielmehr um innere Fähigkeiten, die wir uns aneignen dürfen.

Keuschheit bedeutet in diesem Sinne eine innere Reinheit des Herzens und nicht so sehr eine sexuelle Enthaltsamkeit, so wie dieses Gelübde oftmals verstanden wurde. Das Herz lebt aus der Kraft der Liebe. Und die Liebe ist ja eine Sonnenkraft. Sie will sich verschenken. Sie stellt keine Bedingungen und ist freilassend. Die Keuschheit ist also keine Tugend im üblichen Sinne, denn wenn man aus dem Herzen liebt, ist man keusch. Sie ist folglich eine seelisch-geistige Kraft beziehungsweise eine Fähigkeit und daher kein Moralkodex. Sonst müsste man sich logischerweise mit Untugenden herumschlagen, wie zum Beispiel mit der Unkeuschheit.

Ein Konkurrenz- und Karrieredenken entspringt dem Wunsch,

sich zu behaupten und auf Kosten anderer vorwärts kommen zu wollen. Das Ego bläht sich dabei auf, das sich im äußeren Besitz und Status messen will. Leben wir dagegen in der Kraft der Liebe, wird der Andere, wird das Wohl des Anderen und damit das Wohl des Ganzen, der Gemeinschaft wichtiger als die eigenen, die zumeist kleinlichen und egoistischen Belange und Wünsche. Ein Heilwerden des Sozialen ist damit verbunden.

So wie die Armut eine Läuterung des Denkens bedeutet, die Keuschheit das Gefühlsleben veredelt, so erhöht der Gehorsam den menschlichen Willen. Die niedere Persönlichkeit mit ihren egoistischen Neigungen und Wünschen soll immer mehr zurücktreten und schweigen können. „Dein Wille geschehe..." Der Gotteswille anstatt des persönlichen, das ist heilige Magie. Damit wird der Hang zur Größe überwunden.

Die seelischen Wunden sind vor allem ein karmischer Ausgleich zu den Ego-Impulsen, zu den Wünschen des Ich, also eines Ich-Willens, der die genannten seelischen Erlebnisse heraufbeschwört und die wiederum diese Wunden hinterlassen.

Aus diesem „Teufelskreis" kommen wir eigentlich nur mehr heraus durch ein neues, durch ein selbstbestimmtes und freigewähltes Handeln im Geist des Gehorsams gegenüber dem Weltenwillen, der dadurch in uns zu wirken beginnt, sowie im Geist der Keuschheit, worin letztendlich die Weltenseele in uns fühlen will und aus dem Geist der Armut, denn dadurch soll die Welt in uns zu denken beginnen. In der geistigen Armut machen wir den Raum frei für ein Weltendenken.

Der Mensch wird so zum Träger des Geistes. Christus trägt die fünf Wundmale und damit die Wunden des Menschengeschlechts; er hat sie angenommen. Er lebt den Gehorsam, die Keuschheit und die Armut. Daher wurden und werden die Wundmale zu Türen zum Geist. Durch Christus, der diesen Weg für uns erschlossen hat, ist es möglich, die Seele für den Geist zu öffnen. Der Geist heilt die Wunden der Seele. Wir brauchen folglich nicht mehr so sehr in seelischen Wunden zu wühlen und zu bohren, um sie damit vielleicht los zu werden. Denn die eigentlichen Ursachen liegen, wie beschrieben, in der seelisch-geistigen Entwicklungsgeschichte der Menschheit selbst. Unsere seelischen Wunden sind daher nur die Wirkungen aus den Ursachen, die wir menschheitlich gesehen einmal selbst heraufbeschworen hatten.

Um der besseren Übersichtlichkeit halber soll das hier Gesagte in einer Zusammenschau dargestellt sein, mit weiteren Attributen, die den jeweiligen Wunden und Wünschen zugeordnet werden können.

1. Der Wunsch, groß zu sein - Hochmut, Stolz, Eitelkeit - Luzifer-Wunde in der Brust - führt zur Ablehnung – Maske des Flüchtenden - Heilung durch das Gelübde des Gehorsams. „Dein Wille geschehe...“

2. Der Wunsch, zu nehmen - Habgier – Ahriman - Wunde der rechten Hand - führt zu Ungerechtigkeiten - Maske des Starren - Heilung durch das Gelübde der Armut.

3. Der Wunsch, festhalten zu wollen - klammernd, Geiz - Ahriman - Wunde der linken Hand - führt zum Verlassenwerden - Maske des Abhängigen - Heilung durch das Gelübde der Armut.

4. Der Wunsch, vorwärts zu kommen - Karriere, Konkurrenz, Neid – Luzifer - Wunde des rechten Fußes - führt zum Verrat - Maske des Kontrollierenden - Heilung durch das Gelübde der Keuschheit.

5. Der Wunsch, sich zu behaupten - Tyrann, Despot - Machtwahn, Hass, Gewalt - Luzifer und Ahriman - Wunde des linken Fußes - führt zur Demütigung - Maske des Unterwürfigen - Heilung durch das Gelübde der Keuschheit.

Diese Wunden bedeuten, wie gesagt, einen karmischen Ausgleich zur seelischen Egozentrik und damit zum Schatten des Ich. Dieser Schatten des Ich beziehungsweise das menschliche Ego kann nun im Übermaß, wie auch in der Schwäche, in einem Mangel gelebt werden, zum Beispiel eben als Tyrann oder als Unterwürfiger. Beides bedingt sich gegenseitig. Um das Heile, die gesunde Mitte finden zu können, müssen wir bis zum Ursprung dieser Ego-Wunden zurückkehren, das heißt, zu den Versuchungen der Widersachermächte in den sogenannten Sündenfällen, wodurch sich diese Wünsche erstmals in der menschlichen Seele breitmachen konnten und zwar durch das Einwohnen der luziferischen und ahrimanischen Doppelgängerkräfte.

Eine Heilung davon geschieht grundsätzlich jedoch immer erst, und dies bei allen seelisch-geistigen Wachstumsprozessen, über die Stufen einer kultischen Rückverbindung, also über den Weg der inneren „Religio", so wie ich dies hier nur noch kurz andeuten möchte.

1. Stufe: die Verkündigung - die Erkenntnis (die Diagnose).

2. Stufe: die Opferung (Läuterung, Reinigung) - ich bin nicht die Wunde und lasse meine Wünsche, die Egozentrik los. Das Ego wird bereit, sich zu opfern.

3. Stufe: die Wandlung - sie geschieht durch die drei „Gelübde".

4. Stufe: die Kommunion - die Vereinigung mit dem höheren Ich im höheren Willen durch den Gehorsam ist das Ziel. Diese geschieht in einem reinen und keuschen Herzen durch das göttliche Licht der Weisheit, die wir durch inneres Leerwerden, also durch Armut erreichen können.

Natürlich, so leicht die Theorie vielleicht auch ist, so schwer ist die Praxis. Was hilft ist immer, sich mit göttlichen Qualitäten und Kräften zu verbinden. Qualitäten sind letztlich immer Wesenheiten, das heißt, sie gehen von Wesen aus. Diese sollen den Grund für unsere Aktivitäten in der Welt liefern. Das heißt mit anderen Worten, wir müssen den Grund für das Wirken in der Welt in uns selbst finden.

Hier nun nenne ich sechs Qualitäten des Göttlichen als einen „Grundstein" für den Ort der Berufung. Diese Qualitäten erfüllen harmonisch den Raum, so dass sie in einem Grundsteinspruch oder auf einer Tafel, einem Amulett oder ähnlichem als ein realer Grundstein ausgeführt werden können. Natürlich können wir mit diesen Qualitäten und Kräften auch nur meditativ arbeiten, sie raunen, denken und sprechen.

Es sind diese Qualitäten die göttlichen Kräfte selbst. Doch manche Worte und Begriffe dafür sind oftmals ungenau oder auch missbraucht worden. Zum Beispiel das Wort Liebe; für was es alles herhalten muss! Auch der Begriff für die Weisheit kann recht weit von ihrem Ursprung abkommen. So füge ich diesen Begriffen hier noch weitere Attribute hinzu. Eine allumfassende Liebe zum Beispiel erhöht alle irdischen Liebesbemühungen. Auch die Schönheit kann sehr weltlich sein. Die allbelebende Schönheit hat dagegen noch eine andere Dimension, wie auch die alldurchdringende und verwandelnde Kraft und Stärke. Sie hält zusammen und trägt empor. Das Wort Friede kann einen irdischen Frieden bedeuten, zum Beispiel in einem Waffenstillstand oder ähnlichem. Der lichte Friede ist der innere Friede in Gott. So werden in der Meditation und dann auch im Grundstein Begriffe erweitert, um dahin zu führen, woher sie stammen:

die Güte - zur unendlichen Güte - zum Vater,

die Liebe - zur allumfassenden Liebe - zum Sohn,

die Weisheit - zur göttlichen Weisheit - zum heiligen Geist.

Diese drei göttlichen Attribute entsprechen dem aufsteigenden, dem „männlichen" Dreieck mit der Spitze nach oben. Um diese in der Welt verankern zu können, brauchen wir die Eigenschaften, die dem ab dassteigenden, dem „weiblichen" Dreieck zugeordnet sind.

Der sogenannte Davidstern verbindet und harmonisiert die beiden Dreiecke und damit den Himmel und die Erde. Diesen Stern stellen wir in den irdischen Raum der Vierheit mit den Elementen, den Jahreszeiten und den zugehörigen Erzengeln hinein. Der innere Fünfstern weist auf die Wunden des Menschen und das Menschsein hin. In seinem Inneren ist die Sonne, der göttliche Kern im menschlichen Ich. So können diese Zeichen und Begriffe einen Grundstein bilden für ein geistiges Wirken im Menschen und in der Welt.

Auf der nächsten Seite ist eine Darstellung abgebildet, die dies hier Gesagte für eine meditative Betrachtung anschaulich machen soll.

Der Grundstein

Dieser Grundstein darf gerne meditiert werden. Dazu beginnt man am besten im Osten mit der allbelebenden Schönheit und geht dann kreisförmig durch das Jahr. Die alldurchdringende Kraft ist das göttliche Leben, das alle Welt erhält. Und immer wieder dürfen wir in unsere Mitte einkehren, wo diese ganzen Kräfte ihren Ursprung und ihren Ausdruck in der Seele des Menschen finden. Damit kommt der Umkreis und das Zentrum zusammen.

Ein schönes Bild für die Seele ist zum Beispiel ein Haus mit vielen Zimmern. Da gibt es welche in den unteren und oberen Stockwerken, links und rechts und dann ein Zimmer in der Mitte, in das wir eintreten sollten, weil dort das Göttliche zuhause ist ...

Folge dem Stern

Die bisherigen Gedanken dieser Schrift dienten vor allem dazu, mit der Welt des Geistes in eine Berührung zu kommen, denn von da aus sollen wir die Welt des Alltags meistern lernen.

Doch wie finden wir einen Sinn im Leben und unsere Aufgabe zum Wirken in der irdischen Welt?

Einfache Antworten werden wir dafür nicht mehr erhalten, denn der Mensch ist heute in seine eigene Freiheit gestellt und muss daher seinen Lebensweg in eigener Verantwortung und selbstbestimmt beschreiten. Die Lebensaufgabe und damit einen Sinn im Irdischen zu finden, bedeutet natürlich auch, die eigene geistige Bestimmung und die karmischen Aufgaben umsetzen zu können. Dabei darf nichts erzwungen werden, kein Grübeln, Drängen oder gar ein ungeduldiges Zweifeln bringen uns eine schnelle Antwort für die persönlichen Lebensfragen. Denn mit einer erwartenden Haltung befinden wir uns gegenüber der Welt nur wieder als ein „Nehmer". Viel wichtiger wäre es daher zu erkennen, was wir geben können. Dies macht nämlich Sinn.

Bis wir zu wirklichen „Gebern" werden können, haben wir zuvor noch die vielfältigsten karmischen Aufgaben zu lösen. Denn bevor man ins Geistgebiet, ins sogenannte Devachan hineinkommt, wo wir erst wirklich unseren geistigen Auftrag erkennen und erhalten können, ist die ganze Breite und Tiefe der Astralsphäre auszuloten.

Die quälende Frage im Inneren, was ist der Sinn meines Lebens, was ist meine Berufung? - kann uns durch die Seelenwelten hindurchführen. Bekanntlich wird die Astralebene im Menschen in den Chakren konzentriert. Vom Wurzelchakra, wo die tiefsten Seelen-Gründe, aber auch viele Abgründe liegen, bis zum Stirn-Chakra, das uns mit der Wahrheit verbinden kann, ist es ein weiter Weg. Mit Hilfe dieses Stirn-Chakras und da vor allem mit unserer menschlichen Intelligenz und Weisheit können wir dem Stern der Wahrheit folgen. Er leuchtet uns und führt auf dem Weg, hin zu unserer Bestimmung.

In den unteren Ebenen des Seelenlebens leben wir meistens noch in Konventionen, im Sicherheitsdenken, in der Bequemlichkeit, in Alltagssorgen und in Ängsten, in Fesseln und Illusionen, die uns oftmals daran hintern, dem inneren Stern beziehungsweise der inneren Führung, dem Licht der Wahrheit zu folgen.

Die Astralwelt muss deshalb ganz durchschritten, geläutert und gewandelt werden. Der Stern, der innere Wahrheitssinn, darf uns da hindurchführen. Dies bedingt jedoch einen Willensschritt, nämlich den Willen zu einem neuen, einem geistzugewandten Leben. Das Alte, das Überkommene, das nicht mehr weiterträgt, dürfen wir loslassen, in Frieden verabschieden. Es hat uns bisher getragen und dafür sind wir auch dankbar. Doch nun folgen wir dem inneren Stern. Neuland wird damit betreten und niemand weiß genau, wohin es gehen soll. Was kommt als Nächstes? Noch ist keine Aussicht auf den weiteren Weg vorgegeben. Allein die Treue zur inneren Führung ist hier maßgebend.

Letztlich muss für ein neues Wirken der innere und der äußere Ruf zusammenkommen. Wenn nämlich innere Sehnsüchte, Impulse und Ideale ins Seelenleben drängen, sollte in der Folge auch etwas von Außen, von der Welt, in diese Richtung weisen, sonst unterliegen wir meistens doch wieder nur irgendwelchen Wünschen und Illusionen. Jedoch gibt es auch Zeiten, in denen alles stagniert und gar nichts passiert, weder im Innen noch im Außen. Es gibt eben sogenannte geschlossene Schicksalszeiten, in denen wir unser mitgebrachtes Karma auszuleben haben und in denen wir daher keine neuen Wege beschreiten können, so lange, bis wir das Alte umgewandelt und erlöst haben.

In den sogenannten offenen Schicksalsperioden drängt uns kein altes Karma mehr zu irgendwelchen Aufgaben, Taten und Begegnungen. Die Welt ruft nicht und auch von Innen kommt kein Wink. Da bleiben wir zunächst allein und auf uns selbst gestellt.

In solchen Zeiten brauchen wir aber auch nicht untätig sein oder im Müßiggang verweilen, denn gerade in solchen Zeiten werden die Weichen gestellt für ein zukünftiges Weiterschreiten und dies in Freiheit und in einer menschlichen Selbstbestimmung.

Man hat da aber oft das Gefühl, kein Licht, keine Zukunft mehr zu sehen, keinen Wink oder irgendwelche Zeichen zu erhalten, wo und wie es weitergehen könnte. Es ist dies vergleichbar mit einem Gang durch einen Tunnel, in dem alles dunkel und der Ausgang noch nicht zu sehen ist. Natürlich, irgendwann kommen wir da auch wieder heraus und eine neue Schicksalsperiode beginnt sich mit neuen Begegnungen und Möglichkeiten einzustellen. Doch diese unbekannte und offene Periode muss eben nicht untätig, leidend und ohne Gehalt verbracht werden, denn gerade durch unser eigenes Tun in solchen Zeiten bestimmen wir die Zukunft mit. Ein inneres Arbeiten und Tätigsein bringt uns diesem Ausgang zudem näher. Dafür können unter anderem bestimmte Hilfen von den Tierhütern des Astralreiches, den Tiergeistern beziehungsweise den Gruppenseelen der Tiere angenommen werden.

Meist geht es in solchen Übergangszeiten um Veränderungen in irdischen Angelegenheiten, wo etwas Altes, zum Beispiel eine bestimmte Lebensepoche irgendwie abgeschlossen ist und das Neue noch im Dunkeln der Seele verweilt. Diese Seelenkammern können wir aber auch innerlich bereisen und sie quasi aufschließen, aufbereiten und „beackern".

Tierhüter führen zu und dann auch durch bestimmte Astral- und Seelenenergien hindurch. In meiner Schrift: Lichtwärts - habe ich dazu einige Grundlagen angeführt. Hier sollen diese Bereiche und Energien für unser Thema angewandt werden. Ich hatte damals bestimmte Tiergeister den einzelnen Chakren zugeordnet und setze sie hier nun in Beziehung zu unserem Leben auf der Erde.

Wurzelchakra: den Ort finden - Kuh, Bär, (Wolf)
2. Chakra: die passende Umwelt, Kommunikation mit der Welt –
      Delphin, (Schlange, Skorpion)
3. Chakra: der Beruf als karmische Aufgabe - Schwan, (Drache)
4. Chakra: der Ehepartner und die Partnerschaft mit sich selbst
      und dann auch mit der geistigen Welt- Lamm, (Löwe)
5. Chakra: der Beruf als kreativer Selbstausdruck – Einhorn,
      (Hirsch, Pferd)
6. Chakra: die Berufung als geistige Bestimmung - Taube, (Adler)
7. Chakra: die Welt des Geistes – Geistesflamme.

In den Klammern sind die Tiere des männlichen Seelenweges dargestellt, sonst die des weiblichen.

Der männliche Seelenweg (er geht von oben nach unten) hat die Aufgabe, die innerseelischen Kräfte zu reinigen und zu läutern; der weibliche Seelenweg soll das Irdische, das Unten wieder mit dem Geist, mit dem Oben verbinden. Näheres dazu wird im nächsten Kapitel beschrieben.

Die Tierhüter können uns ins eigene Innere, in tiefe Seelenreiche hineinführen und dort aufzeigen, wo noch Hindernisse bestehen und dann auch bestimmte Bereiche und Seelenkammern öffnen und erschließen helfen. Und sie können uns sogar bis zu unserem inneren Meister beziehungsweise zu unserem höheren Selbst ins Geistgebiet heranführen.

Dies geschieht zunächst durch bestimmte Imaginationsübungen oder durch schamanische Reisen, so wie diese auch genannt werden. Dabei sollte unbedingt berücksichtigt werden, dass ein unvorbereitetes Anwenden dieser Energien mitunter auch sehr gefährlich werden kann, zum Beispiel, wenn man sich den Drachen-, den Wolf- oder Skorpion-Energien aus reiner Neugierde aussetzen will. Daher beginnt der männliche Weg oben, also mit den Adler-Energien der Erkenntnis und dann allmählich absteigend über die Hirsch- oder Pferd-Energie, um im Herzens-Bereich des Löwen sich gewisse Mutkräfte aneignen zu können, mit denen wir tiefer eindringen können, um die abgründigen Seelenbereiche erkennen, annehmen und wandeln zu lernen. Dann erst können wir auf dem weiblichen Weg von unten wieder nach oben aufsteigen.

Für das jeweilige Chakra stellen wir uns zum Beispiel eine Höhle vor, in die wir imaginativ eintreten. Dort bitten wir den entsprechenden Tiergeist um Schutz und Führung, um durch das Reich der Seele, hin zum Reich des Geistes gelangen zu können. Eine dankbare und mutige Haltung ist hier eine Vorbedingung.

Tierhüter sind Schutzmächte und können sicher durch die Astralwelten führen, denn diese können ohne Schutz und Führung sehr gefährlich sein. Tierwesen verkörpern zudem bestimmte Energien in der Astralwelt, wo wir vielleicht noch einen Mangel aufweisen oder entsprechende Bereiche noch nicht genügend entwickelt haben. Sie verbinden uns mit diesen Energien und Inhalten und können uns bis an das Geisterreich heranführen, wodurch erst ein alleiniges und ichhaftes Weiterschreiten möglich wird. Wir dürfen, wenn die Seele reif, geläutert und würdig erscheint, in den Tempel des Geistes eintreten und dort der geistigen Welt, dem inneren Führer und Meister, den Engelwelten oder dem Christus selbst begegnen und diese geistigen Wesen bitten, unsere Fragen und Anliegen zu erhellen.

Die Tiergeister führen somit durch die Astralwelt bis ins Reich des Geistes. Pflanzengeister (Devas) helfen und heilen die Seelenwelten, das Astralische, wenn dort Blockaden und Hindernisse liegen sollten. Blumen- und Baumgeister können wir ebenfalls imaginieren oder zum Beispiel über homöopathische Mittel oder über sogenannte Bachblüten die entsprechenden beziehungsweise die fehlenden Informationen bekommen. Aber auch ein Betrachten und inneres Kommunizieren, ein einfühlsames Sprechen mit Pflanzen kann sehr hilfreich sein.

Mineralische Wesenheiten aus Steinen und Metallen wirken bis in das ätherische Leben hinein und können dort heilend wirken und eine Richtung geben. Zum Beispiel schafft das Gold als ätherisch-geistige Sonnenkraft die Mitte und damit die rechte Verbindung zwischen der Materie, dem Leib und dem Geist.

Der Mensch selbst hat durch das bewusste Eingreifen des sich seiner selbst bewusst gewordenen Ichs aber auch eigene Heilungsmöglichkeiten. Er kann sich nämlich auf eine dreifache Weise selber heilen:

1. durch mentale, durch geistige Arbeit. Das, was wir denken und fühlen wirkt bis in das physische Leben prägend ein. Hier ist eben die Vorstellungskraft so wichtig, mit der wir eine neue Welt imaginieren können. Wir bilden Visionen und schaffen damit Utopien. Allein das Ausrichten an der inneren Wahrheit soll uns hierbei eine Richtschnur sein. Die Frage, was würden wir aus reinem Idealismus in der Welt bewirken und machen wollen, wenn zum Beispiel genug Geld und die richtigen Menschen da wären, die wir für eine Verwirklichung bräuchten, zeigt uns die eigenen inneren Herzensbedürfnisse. Diese Ideale und Utopien in konkrete

Vorstellungen (Imaginationen) verwandeln zu können, bringt uns deren Verwirklichung näher.

2. durch die rechte Sprache, das rechte Wort. Wir sollten uns hüten mit der Sprache oberflächlich und abschätzig umzugehen. Worte sind geistige Realitäten, sie schaffen mit an unserer Zukunft. Daher sollten wir nicht verurteilen, verleumden, schlechtreden und kritisieren. Licht- und Liebeworte führen hin zur Inspiration, das heißt, der Geist des Wortes, der Logos beginnt dann in uns zu wirken.

3. durch das rechte Leben. Ein rechtes und gesundes Verhalten im Umgang mit der Welt, im Einklang mit der Schöpfung, mit dem Leib und mit der Erde, sowie ein künstlerisches Wirken in allen Gebieten des Lebens, wie auch eine bewusste Ernährung und ein Streben nach Gesundheit, bringt den menschlichen Willen voran und edelt ihn. Dies kann bis zur Bewusstseinsstufe der Intuition heranführen, wodurch wir letztlich eins werden mit dem Weltenwillen, der dadurch in uns zu wirken beginnen kann. Diesen gilt es ganz praktisch, das heißt, im Leben ausführen zu lernen.

Vom Impuls zur Tat. Die Intuition erspürt den inneren Impuls, sie ist eins mit ihm. Der menschliche Wille kann diesen Impuls, diesen Gotteswillen in Freiheit ins irdische Leben einbringen. Die göttliche Welt hat uns Menschen, um auf der Erde gerecht, liebe- und weisheitsvoll wirken und gestalten zu können. Der menschliche Wille muss dafür geläutert sein und sich frei dem höheren Leben hingeben, verschenken können.

Sodann kann sich allmählich der Stern offenbaren, der innere Stern - im Willen als Intuition, im Fühlen und im gesprochenen Wort als Inspiration und im bildhaften Denken beziehungsweise in einem Denken, das sich in seelisch-geistige Bereiche hineintastet, als Imaginationen, in denen sich die übersinnlichen Welten offenbaren können.

Somit haben wir es auch immer selbst in der Hand, wohin unser Weg sich wenden soll, wenn wir dem Stern, der inneren Wahrheit folgen wollen.

Die geistige Bestimmung erkennen

Erkenntniskräfte werden uns vor allem über das sechste Chakra, über das Stirn-Chakra zuteil. Dies entspricht astrologisch gesehen der Jupitersphäre, die wiederum das sinngebende Prinzip im Kosmos darstellt.

Für eine imaginative Übung in die Sphäre der Erkenntnis hinein, ist uns im Geistigen das Symbol beziehungsweise das Bild der Taube und dies als ein Krafttiersymbol mitgegeben. Ihrem wegweisenden Flug dürfen wir in der eigenen Seele folgen, nachdem wir sie um Schutz, Führung und um Zuweisung gebeten haben.

Was ist meine individuelle geistige Bestimmung?

Diese Frage können und dürfen wir lange in uns bewegen und auch in die Nächte, also in den Schlaf mit hineinnehmen. Wer keine Fragen stellt, erhält auch keine Antworten. Nur müssen wir dafür unter Umständen sehr viel Geduld aufbringen.

Das Parzival-Motiv klingt an: „Oheim, was mangelt Dir?"

Es sind also die Mitleidskräfte beziehungsweise das Mitgefühl mit und für die Welt, die uns dieser Frage und deren Beantwortung näherbringen. Die Erden- und die Mitwelt zeigt uns daraufhin die Erdenaufgabe, zum Beispiel in unseren Beziehungen und Alltagsnotwendigkeiten. So dürfen wir konsequenterweise auch uns selbst gegenüber Mitgefühl entwickeln und damit uns selbst diese Parzival-Frage stellen.

Als Parzival genügend Mitleidskräfte entwickelt hatte und zwar durch zahlreiche Irrungen, Leiden, inneren Kämpfen und Erkenntnissen, gelangte er zum zweiten Mal auf die Gralsburg. Das erste Mal war er noch ganz geblendet von der Herrlichkeit und dem Neuen, das er dort erlebte. Er war noch zu ichbezogen, um sich diesem Neuen wirklich öffnen und dieses empfangen zu können. Durch Mitleid wissend, so lautet der Satz im Grals-Epos, das heißt, wenn wir mitfühlen und mitleiden können mit der Welt, so sind wir erst wirklich genügend offen und empfangsbereit.

Die Taube, die ja bekanntermaßen auch im Gral erscheint, sie ist ein Symbol für die kosmische Weisheit, sie führt in die himmlische Welt hinein. Die Himmelsmutter Sophia, die universale Seele des Alls, sie nimmt uns auf und senkt sich in die menschliche Seele, wenn diese ihr „Haus" dafür geöffnet hat. Aus ihrer Weisheit werden wir gespeist, wenn wir offen und bereit dafür sind, das heißt, wenn wir von unserer Egozentrik genügend gereinigt und geläutert sind. In und mit dieser Weisheit erkennen wir unsere geistigen Aufgaben.

Letztlich erfahren wir aber erst in der Einheit von Himmels- und Menschenwelt unsere geistig-irdische Bestimmung.

In der Sternenweisheit ist der Übergang vom Himmel ins Irdische und von da wieder ins Himmlische hinein aufgezeigt. Daher kann uns die Astrologie auf der Suche nach unserer geistigen Bestimmung weiterhelfen.

Der Planet Jupiter ♃ (Zeus) stellt die Ordnung im Kosmos dar, den großen Zusammenhang und Sinn. Pallas Athene, ein Asteroid, ist kosmologisch gesehen die Trägerin der Weisheit ins Irdische hinein. Mit ihr und durch sie kann das Irdische nach geistigen Gesichtspunkten und Strategien gestaltet werden. Sie entsprang in der griechischen Mythologie aus dem Haupte des Zeus und findet deshalb auch wieder den Weg dorthin.

Diese beiden Komponenten können wiederum in einem Horoskop eingesehen werden. Zudem zeigt der Medium Coli, der MC astrologisch den Bereich an, wo die Berufung gelebt werden soll, das heißt, welche Qualitäten und Schaffensprodukte in die Welt gebracht werden können. Pallas Athene liefert das Wie, das „know how" und Jupiter zeigt im Radix-Horoskop den Bereich, aus dem wir die moralischen und ideellen Werte und damit die Kraft und den Willen für unsere Aufgaben und Berufungen hernehmen können.

Die Astrologie bietet also ein individuelles Grundprinzip, mit dem wir eine grobe Richtung für unseren Lebensweg bestimmen können. Um aber tatsächlich Kontakt mit der himmlischen Weisheit, ganz bewusst und natürlich aufnehmen zu können, sind Imaginationsübungen mit dem Bild der Taube sehr förderlich.

Hier nun möchte ich ein imaginatives Erlebnis schildern.

Die Taube führt zur himmlischen Mutter. Sie fliegt durch die

Lüfte und landet auf einem Torbogen. Ich schreite hindurch und sehe dahinter eine lichtvolle Erscheinung: die schönste und lieblichste aller Frauen. Sie nimmt uns großherzig und liebevoll an und schenkt uns allen von ihrem himmlischen Nektar. Die irdischen Frauen tragen alle nur einen Strahl ihrer Anmut und Schönheit in sich. Sie, die Schönste und Reinste der Frauen, sie nimmt uns ganz an, mit all unseren Bedürfnissen, unserem Leid und Kummer. Sie schenkt sich uns ganz, ja, wir dürfen uns an ihrer Mutterbrust sättigen und in ihrem Schoß Geborgenheit und Fülle erfahren. Sie speist uns mit Kraft, Liebe und Anmut; ihr Kuss spendet himmlische Weisheit. Und zuletzt leitet sie uns zum Vater.
„Himmlischer Vater, ich brauche Deine Bestimmung für mich. Nicht mein Wille, Dein Wille soll geschehen".
Der himmlische Vater schenkt uns einen Namen, der zugleich eine Aufgabe bedeutet.
„Du, nimm meinen Geist, meinen Namen, meine Kraft und meine Liebe in Dich auf und lebe fortan bescheiden und rein in der Welt und führe die Menschen zu mir, damit ich ihnen geben kann von meiner Kraft und meinem Willen".
„Wo soll ich wirken und wohnen?"
„Lass Dich führen von der Weisheit und der Liebe, von Sophia und Christus. Sie zeigen Dir alles, was Du brauchst. Liebe die Weisheit".
„Dank sei Dir oh Vater."
Das sind einfache aber sehr intensive Erlebnisse, die der Seele Flügel verleihen. Nicht um abzuheben, sondern gerade, um auf der Erde landen zu können.
Die Weisheit will irdisch werden, zur Mutter Erde, zur Maria-Sophia gelangen. Auf der Erde begegnet sie wiederum den vielen anderen Tieren und Naturwesen. Sie wollen alle der Weisheit behilflich sein. Sie dienen der göttlichen Weisheit, so dass diese auf der Erde leben und wirken kann. Die Natur ist schließlich weise.
Im nächsten Abschnitt beschreibe ich, wie die verschiedenen Tier-Energien einen seelischen Weg beinhalten können, der den Himmel, die Unterwelt und die Erde beziehungsweise dann auch die natürliche Welt mit dem Menschen zu verbinden vermag.

Durch Nacht zum Licht

Verschiedene Wege können wir im spirituellen Leben ergreifen, je nachdem, wo wir gerade stehen. Die einen Wege wollen sich ganz mit dem Himmlischen verbinden, die anderen haben mehr das Anliegen, die irdische Welt mitzugestalten und manche haben erkannt, dass sie zuerst in den eigenen Seelentiefen Klarheit, Ordnung und Heilung erringen müssen, um die Welt verändern zu können.

Letztlich geht eben nichts ohne eine Läuterung des Astralischen beziehungsweise ohne eine Einbeziehung der eigenen Seelenkräfte, die uns die drei Welten des Himmlischen, des Irdischen und des „Höllischen" aufzeigen und darin wirken und vermitteln können. Ja, die menschliche Seele umfasst und berührt alle Welten, die des eigentlich Seelischen bis hin zur Materie, zum Leib und schließlich auch zum Geist.

Die Frage ist nun, wo wir ansetzen wollen, ob wir vom Geist ausgehen oder vom Irdischen oder in der Welt der Seele und da zum Beispiel in den unbewussten Seelenschichten.

Da die Menschheit auf ihrem langen Erdenweg verschiedene Zeiten und Bewusstseinsepochen durchmachen, müssen wir zuerst einmal begreifen und erkennen, in welcher Epoche mit welcher Aufgabe wir heute darinnen stehen, da wir die impulsierenden seelisch-geistigen Kräfte unserer Zeit für unseren individuellen Lebensweg gebrauchen und entwickeln sollen.

Ich kann hier aber keine Grundlagen über diese notwendigen Bewusstseinsentwicklungen ausarbeiten, denn darüber habe ich in früheren Schriften berichtet. Doch die jetzige Epoche soll für ein besseres Verständnis eine kurze Erwähnung finden.

In einer geisteswissenschaftlichen Betrachtung, die uns Rudolf Steiner zukommen ließ, leben wir seit dem 15. Jahrhundert in der Zeit der sogenannten Bewusstseinsseele. Daher will ich hier einen kurzen Einschub machen, um diese Bewusstseinsseelenkräfte etwas näher anschauen und einordnen zu können. Sonst bleibt ja alles nur vage und man benutzt Begriffe, mit denen wir lebenspraktisch recht wenig anfangen können.

Die Bewusstseinsseele im Menschen soll und kann eine eigene Freiheitsmöglichkeit erfassen, in dem das Ich die wirkliche Freiheit erkennen lernt und aus ihr zu handeln beginnt. Die Freiheit bedingt konsequenterweise natürlich auch eine Unfreiheit. Daher wird zunächst einmal ein Unterscheidungsvermögen verlangt. Alles, woran ich emotional gebunden und gefesselt bin, macht noch nicht wirklich frei. Vielerorts gibt es ganz offensichtlich die egozentrische Freiheitssuche: Ich will machen können, was ich will! Meist steckt da aber ein emotionales Getriebensein dahinter. Es geht darum, sich in irgendeiner Art ausleben zu wollen. Ein emotionales Ausagieren schafft meistens jedoch eine gewisse seelische Offenheit für bestimmte Widersacherkräfte, die uns dadurch mit der Zeit immer stärker fesseln können. Die Lust, die Leidenschaft, die Gier und so weiter, sie bedingen und fördern nachfolgende Kräfte und Energien wie die Eifersucht, den Neid, den Konkurrenzkampf und einigem mehr, weil sich eben Dämonen daran heften können. Und diese werden wir meistens nicht mehr so leicht los.

Das Ich, das sich im Zeitalter der Bewusstseinsseele, kulturell und entwicklungsgeschichtlich gesehen, mit diesen Kräften auseinandersetzen muss, um daran wachsen und reifen zu können, findet seine Freiheit letztlich in sich selbst und eben nicht in der Anklammerung an äußere Dinge oder im Ausleben seelischer Neigungen. Das Ich erschafft sich deshalb einen inneren Umraum, einen Schutz- und Freiheitsraum, es nimmt eine gewisse Distanz, einen Abstand ein zu allem Emotionalen, wie auch zum moralisch Ideellen, zu den Sittennormen und vorgegebenen Verhaltensregeln, da diese ebenso unfrei machen können. Die Bewusstseinsseele muss sich allmählich loslösen können von den Betrachtungen und Beziehungsmustern, die noch von Sympathie oder Antipathie begleitet werden. Es geht zunächst also darum, eine Ebene der Objektivität herzustellen, durch die uns nichts mehr vereinnahmen kann. Dann erst können wir die richtigen Erkenntniskräfte ausbilden. Wenn wir ganz bei uns sind, in unserem Ich und von nichts Äußerem mehr tangiert werden, auch nicht von einem eigenen emotionalen und seelischen Drängen, können wir unser Denken in einer meditativen Haltung zur Wahrheit hin ausrichten. Denn die Wahrheit ist objektiv. Diesem Geist der Wahrheit dürfen wir in uns einen Raum schaffen, ihn in unser Denken und Bewusstsein hereinlassen, denn von da aus kann diese Wahrheitskraft unser Herz und damit unsere Liebekraft entzünden. Die Wahrheitsliebe bedeutet und bewirkt schließlich eine Veredelung des Gefühls und damit natürlich auch des emotionalen Lebens.

Die Bewusstseinsseele erfordert aber keine Abkehr vom Empfindungs- und Gefühlshaften. Sie ergreift jedoch alles mit Achtsamkeit und Bewusstheit und vermag es dadurch, das Emotionale und Gefühlshafte einzuordnen und zu entwickeln: Von einem Selbstgefühl über ein Mitgefühl, über ein Verstehen und Verzeihenkönnen bis hin zur Weltenseele, zum alles Annehmenkönnen einer allumfassenden Liebe. Das ist der Weg des Fühlens.

Der Wille, er kann ebenso, wie natürlich auch das Denken, von der Bewusstseinsseele begleitet und verwandelt werden, nämlich vom Eigenwillen bis hin zum Welten- oder Gotteswillen. Das menschliche Ich hat in der Bewusstseinsseele eben immer auch die Freiheit der Entscheidung. Sie kann Herz und Verstand, den eigenen Willen und das innere Wahrheitsempfinden überblicken, zusammenfassen und einordnen. Dadurch können wir in der Seele frei sein und uns frei entscheiden.

Das Mondenhafte, das Emotionale muss heute, bildlich gesprochen, unter den Füßen stehen. Nicht mehr wie in den alten Zeiten der Göttin Isis, die den Mond über dem Haupte trug, als noch über die Weisheitssphäre des Mondes Einflüsse aus dem All inspirierend für die empfangenden Seelen einfließen konnten. Die kosmische Frau im Bilde der Apokalypse, die den Mond unter ihre Füße gestellt hat, sie nimmt quasi die Kräfte des Mondes als Behältnis für die Sonne und für die Sterne, die sie über dem Mond in ihrer Mitte und über ihrem Haupte trägt. Das Ich, die Sonnenkraft der Liebe und die Weisheit der Sterne, sie dürfen vom Mond beziehungsweise von der Seele aufgenommen werden. Der Mond und damit die Seele, sie wird zum Gefäß, zur Schale für den Geist und nicht mehr selbst zum Impulsgeber für das spirituelle Leben der Menschen. Es geht darum, das „Höhere" in sich hereinzunehmen und es ichhaft zu durchdringen, denn es beleuchtet das Innere der Seele, auch die unbewussten und dunklen Ecken. Das ist die Aufgabe unserer Zeit, während in alten Zeiten die Weisheitskräfte des Mondes die Menschenmassen, meist über Priester und Pharaone noch geführt haben. Im Zeitalter des Individuums ist das so nicht mehr möglich, außer man will zum Medium werden und seine Ich-Entwicklung preisgeben.

Isis kann heute durch das Unbewusste, durch das Mondenhafte hindurchführen. Sie will letztlich aber zu Osiris, zur Sonne hinstreben. Sie führt durch die Nacht des Unbewussten und öffnet sich dem sonnenhaften Geist in der Isis-Maria-Sophia. Das heißt mit anderen Worten, sie erweitert sich und nimmt die Eigenschaften der Maria und Sophia in sich auf. Maria, die Seele der Erde, sie trägt das Kind, das Sonnen-Ich. Wir Menschen sind ja die „Kinder" der Erde. Das Ich des Menschen muss sich, wie einst Osiris oder Christus, wenn es sich nicht in sich selbst verhärten will, opfern und verschenken können, das heißt, wir dürfen in Freiheit einen Opferwillen in uns entwickeln.

Das Alte, Emotionale, Triebhafte und Leidenschaftliche muss angenommen, erkannt, gesegnet und geopfert werden, wie zum Beispiel die Eifersucht, der Neid, die Gier, die egozentrischen Wünsche, der Hass, die Machtgelüste, der Stolz, der Ehrgeiz und was es sonst so alles an emotionalen Verhaftungen gibt. Diese Emotionen sollen „sterben", das heißt, sie dürfen überwunden und losgelassen werden, nicht in dem wir dagegen ankämpfen, denn das wäre zwecklos, sondern durch ein Wandeln in etwas Höheres, zunächst in ein wirkliches Selbstgefühl. In sich selbst sich ichhaft einfühlen lernen, sich unabhängig und frei in sich, in seinem Ich-Kern sich fühlen können, befreit allmählich von den zwanghaften Anklammerungen der emotionalen Wünsche und Begierden. So erst fühlen wir uns in uns selbst wohl und zu Hause. Dies ist der erste Schritt, bevor wir allmählich fähig werden zu einem Mitgefühl, zum Verzeihen und Vergeben und schließlich einmal zur großen Liebe, die aus der inneren Sonne quillt.

Emotionen bedrängen uns. Gefühle können vom Ich selbsttätig erzeugt und auch durchdrungen werden. Sicher gibt es auch Gefühle, wie zum Beispiel die Trauer und die Freude, die wir nur schwerlich selbst erzeugen können, denn diese bekommen wir von den Schicksalsmächten zugeteilt. Manche Gefühle können wir aber gut erüben und uns selbst dahin erziehen, wie die Sanftmut, die Heiterkeit, die Freundlichkeit, die Herzlichkeit, das Taktgefühl und so weiter. Andere Gefühle, wie die Trauer, Enttäuschungen, die Schwermut et cetera, gilt es anzunehmen und sie tragen zu lernen. Daraus bildet sich nämlich erst richtig ein Selbstgefühl aus, vor allem, wenn wir diese ichhaft begleiten und uns daran erstarken wollen. In den „schönen" Gefühlen, im Schwelgen und Schweifen der Gefühle, kann sich das Ich eher verlieren. So erkennen wir, insgesamt betrachtet, in der Gemütsseelenhaftigkeit eine Herausforderung und eine Entwicklungsmöglichkeit für das Ich.

Die Bewusstseinsseele, in der das Ich erst richtig zu sich selbst erwacht und nicht nur in einem Selbstgefühl verbleibt, sie erfordert eine Ehrlichkeit sich selbst gegenüber und das Gefühl und den Willen zur Andacht, um sich auf höhere Werte ausrichten zu können. Die Bewusstseinsseele beobachtet sich selbst und verfolgt dabei einen biographischen Entwicklungsgedanken und dies auch in menschheitlicher und damit auch in geschichtlicher Hinsicht.

Das „Alte" wandelt sich, auch im Seelischen und Geistigen. Isis, sie verhüllte den alten Einweihungsweg in ägyptischer Zeit bekanntlich mit einem Schleier, das heißt, mit den Mondenkräften kommt man zu keinem objektiven geistigen Schauen mehr. In unbewusste Monden-Seelenkräfte, in die unbewusste, emotionale Welt können sich seither Dämonen einschleichen. Die Sonnenkräfte erhellen und zeigen dagegen auf, was noch ins Sonnen-Ich-Bewusstsein geholt werden muss: in die Verstandesseele das Begreifen, den Begriff und in die Bewusstseinsseele eine Verwandlungsarbeit hin zum Entwickeln einer Zusammenschau, zur Idee, zum Sinn und letztlich damit hin zu einem Wesensverständnis im Geiste der Wahrheit, der in den Sternenwelten beheimatet ist, bei der kosmischen Sophia.

Die Gefühle, also die Gemütsseite und das Sonnen-Kind in der

Seele, die Seite der Maria, sie dürfen auf diesem menschheitlich-geistigen Weg wärmend und tragend zugegen sein.

Somit will und kann die Bewusstseinsseele Brücke und Mittler zwischen dem Leib, der Seele und dem Ich zum Geiste hin sein. Hier ist das Ich erst richtig bei sich selbst und dadurch sich selbst erkennend angekommen. Es ist ganz im Leibe einwohnend und sucht darin den lebendigen Geist. Hier nun kann das Ich verbindend und ordnend wirken. Bevor wir im menschlichen Lebenslauf aber so weit gekommen sind, dass wir uns in uns selbst, in unserer Seele als ein wirklich eigenständiges und unabhängiges Ich erfahren, sind viele Stufen und Abgründe zu durchlaufen, zum Beispiel heute vermehrt die Einsamkeit, die Isolation oder der Zweifel an allem Höheren, der Nihilismus und der Atheismus, die Begegnung mit dem Tod, die Suche nach dem Sinn, sowie die vielfältigsten Aufgaben und Probleme, die das irdische Leben an uns stellt und die uns im Endeffekt immer wieder auf uns selbst zurückwerfen. Die ganze heutige Zeit mit all ihren Untergangsszenarien ist ja von diesen Phänomenen durchzogen.

Die Bewusstseinsseele hat aber auch die Möglichkeit in sich, die tiefsten Abgründe mit den lichtesten Höhen zu verbinden. Sie schließt vor allem an den menschlichen Willen an, der wiederum in den Leibestiefen gründet. In früheren Zeiten war die leibliche Entwicklung noch stärker von geistigen Mächten gelenkt, so wie dies heute noch in der Kindheitsphase, also im Wachstum der Kinder geschieht. Heute wird die Verantwortung für das Leibliche, wie auch für die Erde als Ganzes, dem freien Menschen, also seinem Eigenwillen unterstellt. An dieses Leibliche, betrachtet man zum Beispiel nur einmal den sexuellen Bereich, heften sich viele Widersacherkräfte an, die das Irdische für ihre Belange an sich ziehen wollen und den freien Willen des Menschen negieren. Der Mensch muss sich somit seines freien Willens erst richtig bewusst werden und sich gegen vielfältige Ablenkungen, Versuchungen und Attacken behaupten lernen. Daher ist in der Bewusst-seinsseelenzeit, menschheitlich gesehen, auch der Kampf mit den Widersachermächten sehr stark. Sie können hier jedoch ins Bewusstsein gehoben, wie natürlich alles andere auch und somit einem Höheren dargebracht werden. Das Ich erlebt sich in der Bewusstseinsseele als ein neues Glied in der Menschheitsgeschichte und damit als Bildner und als Brücke zwischen den Welten des Irdischen, des Himmlischen und des Finsteren.

Der Weg zum höheren Selbst kann von da aus ichhaft, das heißt in Freiheit angestrebt werden. Nicht mehr leidenschaftlich und emotional oder in Trance oder als Medium, doch auch gemüthaft, mit innerer Wärme und ichhafter Liebe, um dem Geistselbst, dem höheren Ich in sich einen Raum zu schaffen. Das ist die Aufgabe der Bewusstseinsseele. Mit ihr können wir den Weg zum Geist beschreiten oder aber in die Abgründe des Seelischen hinein. Alles, das Hohe und das Niedere, soll uns dabei bewusst werden können.

Am Leib beziehungsweise an der Materie stößt das Ich an und erschafft dadurch ein Bewusstsein von sich selbst. Dieses Selbstbewusstsein kann nun in der meditativen Arbeit so gestärkt und erweitert werden, dass es auch in einem leibfreien Zustand, in seelischen Abgründen und in geistigen Sphären eine Ich-Präsenz behalten und bewahren kann. Dadurch behält der Mensch seine Freiheit auch gegenüber diesen Welten. Und darauf kommt es heute an: Sich nicht mehr an das Irdische fesseln lassen oder in seelischen Empfindungen und Emotionen sich verlieren oder auch dem Geistigen, den moralischen Werten gegenüber, sich ungut oder minderwertig zu empfinden. Dies kann aber nur geschehen, wenn der Mensch einen Raum in sich geschaffen hat, der unabhängig ist von all dem, was er nicht selber ist. Diesen Raum kann ich mir letztlich nur selber geben, ihn selbst erschaffen. In diesem Raum setze ich mich selbst, bin ich, der ich bin. Von da aus darf die Welt des Irdischen und des Seelischen beackert werden.

Wie schon früher angesprochen, ist die Welt des Seelischen in den Chakren konzentriert. Diese können durch ein meditatives und geläutertes Leben gestärkt werden.

Hier nun will ich erneut die Tierhüter anführen, die uns den Weg in diese Seelenbereiche öffnen können und die uns mit Energien versorgen und in eine Auseinandersetzung damit bringen, um diese Bereiche erkennen und mit neuem Leben erfüllen zu können.

Ich beginne zunächst mit dem männlichen Yang-Weg, der oben im

Stirn-Chakra seinen Anfang nehmen will, bis hin zum Wurzel-Chakra, was dann einem Abstieg in die Unterwelt entsprechen und auch gleichen kann.

Der weibliche Yin-Weg beginnt urbildlich unten, auf der Erde und strebt zum Himmel. Dies will ich hier erst einmal stichwortartig zur Anschauung bringen.

Chakra:	Tierhüter	Yang-Weg + Adlerweg	Tierseele	Yin-Weg - Bärenweg
6. Chakra Stirnchakra	Adler	Beginn mit dem vernünftigen Denken, geistige Klarheit, Vision, Sinn	Taube (Eule)	Führung und Wissen aus dem Geiste, die Weisheit führt, geistige Berufung
5. Chakra Halschakra	Hirsch (Pferd)	die geistige Aufgabe ergreifen, der geistige Weg, priesterliches Wirken und Gestalten	Einhorn	aus dem Geist heraus kreatives und künstlerisches Schaffen; Lebensgestaltung aus dem Geist, Beruf aus Idealismus
4. Chakra:	Löwe	Herzkräfte entwickeln (z.B. in der Ehe), Mut, Herzensmut; höhere und „niedere" Liebe ausgleichen und verbinden	Lamm	Ego-Überwindung in der Liebe, Opferung des Eigenwillens
3. Chakra:	Drache	Schattenarbeit, (Ängste, Süchte etc.)	Schwan	der Beruf als Arbeit, sich Einbringen in die Welt

77

2. Chakra:	Schlange (Skorpion)	Verführung- Umwelt, Eros, Wissen gewinnen, Analyse, intellek- tuelles Arbeiten	Delphin	Freunde, Geldfluss, Wissen von der Einheit
1. Chakra:	Wolf	Abgrundkräfte kennen und wan- deln lernen (Sexus, Habgier, Aggression), Bindungen an Familie, „Rudel", Stamm	Bär Kuh	Bau, Haus, die Erdver- bindung, der Ort, der Leib

Diese Aufstellung kann nun als Grundlage für eine meditative Betrachtung dienlich sein. Zunächst möchte ich dafür eine vorbereitende Atemübung angeben, die eine reinigende Wirkung auf unser leiblich-seelisches Gefüge ausüben kann.

Wir liegen oder sitzen in entspannter Haltung. Der Atem wird vom Wurzelchakra langsam und gleichmäßig die Wirbelsäule einatmend hochgezogen bis zum Scheitel hinauf. Dort löst er sich vom Körper und bestreitet einen Bogen über dem Körper, vom Kopf über die Brust bis zu den Füßen, während wir ausatmen. Nun atmen wir wieder von unten ein und ziehen den Atem langsam hoch über die Wirbelsäule bis zum Kopf, während wir wieder einatmen.

Diese Atemübung entspricht dem Bärenweg beim Einatmen, der unten, bei der Materie beginnt und zum Geist emporstreben will und beim Ausatmen dem Adlerweg, der oben beginnt und von da zur Erde strebt. Die leiblich-ätherische beziehungsweise die energetische Reinigung ist eine Vorbedingung für ein gesundes Arbeiten mit den Tierenergien, die nun Astralisches mit Geistigem in Verbindung bringen wollen.

Ich beginne hier mit dem Weg des Abstiegs. Er gleicht dem rosenkreuzerischen Schulungsweg, da er oben, im Stirnchakra beginnt. Er dient vor allem der Entwicklung der Persönlichkeit, denn der Weg des Abstiegs ins Seelenreich ist zugleich ein Weg des

Aufstiegs zum Ich, denn das Ich bildet sich erst richtig am Widerstand und an den Prüfungen und Verlockungen des Irdischen aus.

In jungen Jahren beziehungsweise am Beginne eines geistigen Schulungsweges haben wir oftmals große Ideen, Ideale und Visionen, wohin wir im Leben gelangen wollen. Utopien werden entworfen, die uns über das Weltliche erheben und das Ziel des Lebens, einen Sinn in unserem Dasein erfassen können. Eine Zukunftsschau wird entworfen, die dem individuellen Leben Flügel verleiht.

Dies entspricht dem sechsten Chakra - der Adler-Imagination. Doch wir können nicht da „oben" verbleiben. Die Welt ruft nach Verwirklichung.

Das fünfte Chakra entspricht der Hirsch-Imagination. Hier geht es um Inspiration und um konkrete Ideen, um damit die Welt zu verändern. Ideale wollen umgesetzt sein. Das Pferd als Imagination steht für die Dynamik des eigenen Wirkens, das aus konkreten Gedanken entspringt.

Im vierten Chakra möchte sich die Löwe-Energie heranbilden. An und in der Welt gilt es, Mut- und Herzenskräfte zu entwickeln. Die Welt lieben lernen! Werden Ideen nicht mit dem Herzen aufgenommen, bleiben sie abstrakt und unfruchtbar.

Das dritte Chakra weist hin auf die Drachenkräfte in uns. Das Unbewusste, die Schattennatur sollen wir kennenlernen, sonst führt diese ein Eigenleben in der Seele und stellt sich den ichhaften Intentionen in den Weg, wie der apokalyptische Drache, der uns verschlingen will. Die Imagination des Drachens beziehungsweise die innere Führung in die Welt des Drachens, zeigt uns diese Doppelgängernatur, so dass wir sie in der Folge anschauen, erkennen und wandeln dürfen.

Das zweite Chakra beinhaltet die Schlangen-Imagination. Hier sind die Kräfte der Verführung am Werk. Die Erotik wie auch die sinnliche Anziehung der Welt deutet daraufhin, dass die horizontale, die schlangenhafte Ebene eine Macht über den Geist gewinnen will. Skorpionkräfte (ein Bild für die Gier, die Geilheit und die Leidenschaftlichkeit) führen letztlich zum Tod des geistigen Lebens. Die Imagination des Skorpions, die ebenfalls zum zweiten Chakra gehört, ist ja der gefallene Adler. Die Visionen des Adlers sind da in die sinnlichen Verstrickungen hineingestorben. Darauf weist diese Imagination hin.

Dem ersten Chakra ist der Wolf beziehungsweise die Wölfin zugeordnet. Diese Imagination verweist auf das Rudel, auf die Sippe und die Blutsbande hin. Hier heftet sich in heutiger Zeit oftmals das abgründige Böse an, wie dies zum Beispiel in ethnischen und nationalen Konflikten, wie auch in Familien- und Stammesstreitigkeiten, in kriminellen Clans und ähnlichem weltweit zutage tritt. Kräfte der Habgier, des Neides, der Aggression, des Machtwahns und der Gewalt wollen erkannt, angenommen und gewandelt sein. Zuerst einmal in sich selbst, denn dann braucht es nicht mehr in der Welt erscheinen, das heißt, von außen an uns herantreten. So leicht ist es bekanntlich aber nicht, Kräfte wie die Habgier, den Zorn, den Hass und die Feindschaft zu überwinden. Doch bevor wir nicht den tiefsten Punkt in unserem Seelenleben erreicht haben, ist ein gesunder Aufstieg zum Geist noch nicht wirklich möglich.

Natürlich können und sollen wir uns an jedem Punkt des Seelenlebens zum Geist hinwenden, um nicht von den finsteren Kräften heruntergezogen und fortgerissen zu werden. Doch das Ich, ein starkes Ich, bildet sich vor allem an den Widerständen und Abgründen der Seele. Diese müssen wir anschauen, aber nicht dagegen ankämpfen wollen. Am besten ist es, ihnen mitzuteilen, dass, wenn sie uns bedrängen und vereinnahmen wollen, wir ihnen nicht helfen können. In allem Bösen steckt ja irgendwo auch noch etwas, das verwandelt, erhöht und befreit werden will. An dieses können wir uns wenden. „Durch Mitleid wissend – die Feinde liebend". Dadurch kann ein Wandel geschehen. Nicht aber durch ein Verurteilen, Geringschätzen und Verteufeln. Die Liebe heilt und erlöst – auch unsere tiefsten Abgründe und Wunden.

Nun können wir erst richtig den Weg vom Ich zum Selbst beziehungsweise zum höheren Ich beschreiten oder anders ausgedrückt, vom männlichen Weg des Abstiegs zum weiblichen Weg des Aufstiegs hingelangen. Und dies ist auch die Stelle, an der sich der männliche und der weibliche Weg berühren und ergänzen.

Das erste Chakra des weiblichen Weges entspricht der Kuh-Imagination. Hier geht es um die innere und die äußere Heimat. Es ist hier der Mondenbereich des Mütterlichen, die Mutterthematik im Irdischen und im Geistigen angesprochen. Das Unbewusste soll dem Ich bewusst gemacht werden. Isis ist die Göttin, die den Menschen durch den unbewussten Mondenbereich hindurchführt. Im Christlichen verweist die schwarze Madonna in diesen Bereich hinein. Sie verbindet und ergänzt. Das Ich wird von Isis durch die Seelentiefen geführt, kommt also in Kontakt mit allem Abgründigen und wird so lange geprüft und geläutert, bis dieses Ich sich frei für den Weg zum Aufstieg, zum Licht der Geistessonne, zum „Osiris" hin entscheidet. Isis beschreitet in der Menschenseele folglich den Weg von den Abgründen der männlichen Seite bis zum weiblichen Seelenweg, wobei sie an diesem Schnittpunkt die Seele ausloten und verbinden kann.

Wir kennen ja den Ausspruch von Goethe: „Zwei Seelen wohnen, ach, in meiner Brust..." Diese Zerrissenheit auszuloten, bedeutet das Oben und Unten, Geistiges und Sinnliches, sowie Männliches und Weibliches verbinden zu wollen.

Isis führt durch die Nacht. Sich ihr anvertrauen zu können, mit allem Dunklen und Leidenschaftlichen, dies bedeutet und bewirkt schließlich eine seelische Hilfe für uns. Die Lilith- und Schwarzmondkräfte, also die Energien des dunklen Mondes, sie sollen angenommen und der Isis übergeben werden. Isis führt uns heute zur Mutter Erde, zu Maria und damit zu einer liebenden Verbindung mit allem Natürlichen hin. Von da an kann der Weg nach oben, zum Geiste hin betreten werden, was dem weiblichen Weg mit den Kuh-, den Delphin-, den Schwan-Imaginationen und so weiter entspricht.

Die Kuh-Imagination im ersten Chakra darf und kann die „Kuh-Energie" in uns beleben. Die Kuh umarmen, sie seelisch hereinnehmen, sie zu einem Teil unserer Seele machen, dies führt allmählich dahin, dass wir die Erde als unsere Heimat erleben. Die Kuh-Energie führt uns zur Natur und verbindet uns mit ihr und damit auch mit der Landschaft, auf der wir leben, also mit dem Erdenort.

Desweiteren gehört zum Wurzel-Chakra die Imagination eines Bären in einer Höhle. Diese wird nötig, wenn wir Probleme haben, unseren „Bau", unser Zuhause, unser Haus und dann auch uns selbst in unserem Leib zu finden. Ganz ein Bär werden, ganz zu Hause in sich fühlen, darauf kommt es hier vor allem an.

Das zweite Chakra des Aufstiegs hat mit der natürlichen Umwelt, mit Kommunikation, Austausch, Geld und den Freunden zu tun. Hier dürfen wir lernen mit den Delphinen zu schwimmen und zu tanzen. Die Dynamik und die Freude der Delphine hilft uns im Lebensalltag, so wie dies aus vielen therapeutischen Maßnahmen mit Delphinen sichtbar geworden ist.

Das dritte Chakra beziehungsweise die Imagination des Schwans verweist auf die Verpflichtungen, die wir in der Welt ergreifen sollen. Es geht hier darum, dass wir uns verantwortlich in die Gesellschaft einbringen. Dies vor allem durch das Ergreifen eines Berufes, mit dem wir zum Wohle des Ganzen beitragen können.

Das vierte Chakra mit der Imagination des Lammes bedeutet nun, dass der Mensch allmählich bereit wird, sich für die höhere Liebe, für eine geistige Aufgabe opfern zu können. Dies kann in vielen Bereichen geschehen. Zum Beispiel können wir in der Ehe und in der Partnerschaft uns dazu erziehen, das innere Wesen des Partners sehen zu wollen. In dieser Ebene geht es letztlich darum, den Weg zum Geiste hin zu beschreiten. Die Eitelkeit, der Ehrgeiz und der Zorn, sie sollen hierfür überwunden beziehungsweise geopfert werden. Wir sollen selbst zum Lamm werden, das heißt, ganz selbstlos und uneigennützig sein.

Dem fünften Chakra ordne ich die Imagination des Einhorn zu. Hier geht es darum, das Leben aus geistigen Prinzipien heraus gestalten zu lernen. Das Einhorn empfängt die Inspirationen des Geistes. Es hat eine innere Verbindung nach oben, zur Taube, zur göttlichen Sophia.

Die Taube im Stirn-Chakra symbolisiert schließlich die göttliche Weisheit. Sie trägt uns himmelwärts. Die Seele soll selbst eine Taube werden, denn die Taube führt in der Imagination zum Tor des Himmels. Dahinter empfängt uns die kosmische Frau, die Himmelsmutter. Sie nimmt uns liebevoll an und schenkt sich uns ganz. Sie hält unsere Hände und führt ins Himmelreich hinein.

Der Kuss der Frau - Weisheit strömt aus ihrem Mund.

Ihre Brüste schenken uns den himmlischen Trank der Liebe und aus ihrem Schoß strömt göttliches Leben.

Dieser Jungbrunnen ernährt und erquickt. Strahlen des Lichtes und der Liebe strömen uns zu. „Ich bin eins mit der Himmelsmutter, aus der wir geboren sind. Dank sei Dir Sophia".

Nun verstehen wir den Ausspruch: Das Ewig Weibliche zieht uns hinan.

Isis-Maria-Sophia. Diese drei Namen und Wesen umfassen den weiblichen Weg des Aufstiegs. Das Ewig Weibliche enthält somit die drei Komponenten der Isis, die die Unterwelt beherrscht, der Maria, die das Erdenleben trägt und der Sophia, die uns mit himmlischen Gnaden beschenken und erfüllen will.

Diese Tier-Imaginationen und Energien von der Kuh zur Taube können immer wieder meditiert werden, denn dadurch nehmen wir sie langsam an und so können sie sich in uns entfalten. Dabei lösen sie mit andauernder Übung innere Prozesse aus, die uns mit den Bereichen des Untersinnlichen, des Irdischen und des Himmlischen verbinden wollen. Es kommt folglich darauf an, immer wieder zu üben und keine allzu schnellen Resultate zu erwarten.

Manchmal kann es sinnvoll sein, nur einzelne Bereiche anzusprechen. Ein anderes Mal wird ein ganzer Durchlauf nötig und fruchtbringend sein. Immer ist aber die Bitte um Schutz und Führung anzuraten. Der persönliche Engel behütet und leitet uns dabei, so dass wir uns allmählich in einer Ganzheit des Lebens wiederfinden.

Natürlich können wir auch versuchen, von der Taube unseren Weg nach unten zu beginnen, also von oben nach unten, denn die Weisheit will ja auch irdisch werden, das heißt, sie will das Irdische lenken und befruchten.

Dies wird vor allem im absteigenden Jahr sinnvoll sein. Im Frühling bis in die Pfingstzeit, also im aufsteigenden Jahr, ist es dagegen besser, von unten nach oben streben zu wollen. Im Sommer ist unsere Seele mehr in den Himmel ausgebreitet. Von da aus geht der Weg wieder nach unten, zur Erde hin.

Was ich letztlich damit sagen will, ist, dass wir mit solchen Übungen durchaus spielerisch und forschend umgehen dürfen. Unserer Kreativität sind dabei keine Grenzen gesetzt. So ist es durchaus sinnvoll, solche Imaginationen eine zeitlang hindurch, also mehrere Tage hintereinander zu meditieren und sie in sich zu bewegen und zu tragen und dies vor allem abends vor dem Schlafen. Morgens können wir die Bilder, vielleicht auch die Träume, die sich in der Nacht einstellten, beobachten und anschauen, wie sie sich verändert haben und offen dafür sein, was der neue Tag uns bringen mag. Dann ist es jedoch auch wieder gut, alles eine Zeit lang ruhen zu lassen, nichts mehr zu forcieren, denn das Leben will sich ja ereignen. Eine Achtsamkeit und Stille der Seele ist hier vor allem wichtig, um der „Welt" die Möglichkeit zu geben, sich äußern zu können.

Wo und wie will mich die Welt haben, wo ist Not, wo werde ich gebraucht? Und wo sind meine Helfer?

Wir dürfen uns ruhig und demütig führen lassen von der geistigen Welt. Unsere Sorgen und Wünsche übergeben wir dem Engel, am besten vor dem Schlafengehen. In der Nacht sind wir ja nicht untätig und oftmals kommen wir mit neuen Impulsen daraus hervor, auch um die Probleme des Tages besser lösen zu können.

Die Taube führt, das Einhorn inspiriert, das Lamm kann sich opfern, der Schwan arbeitet in und für die Welt, der Delphin schafft eine heiter-heilende und damit eine gesunde Umwelt, der Bär hilft am Bauen unseres Tempels und die Kuh bringt uns den Erdbezug - zum Danke der Erde.

Von der himmlischen Sophia, der Taube, zur Erde, zur Maria, diese Verbindung bedeutet und beinhaltet den Weg vom Geist zur Materie, die eben auch geistdurchdrungen ist. Himmel und Erde dürfen so zusammenkommen. Christus, das Lamm, verbindet. Er kann sich opfern, den Menschen und der Erde und er ist es auch, der mit dem Himmel, mit der göttlichen Sophia vereint ist.

Christus in uns und das Ewig Weibliche, beide zusammen schaffen in uns, nämlich in unserer Seele die Verbindung des irdischen, des seelischen und des geistigen Lebens, wenn wir bereit sind, diesen Weg in Freiheit mit ihnen zu gehen.

Zu guter Letzt

„Und ich werde Euch senden den Geist der Wahrheit und der Erkenntnis; er wird Euch frei machen..."
Diesen Ausspruch des Christus dürfen wir durchaus ernst nehmen und Ihn somit um den Heiligen Geist bitten. Er sendet ihn uns zu, immer und überall. Unsere Bitten und Gebete gleichen daher Samen, die zu gegebener Zeit aufgehen, wachsen, erblühen und irgendwann einmal reiche Früchte tragen werden.
Der Heilige Geist umfasst den Himmel, die Erde und die „Unterwelt" und damit die Reiche des Jenseits und die Innen-Welten der Seele. Also umfasst er die Einheit von Körper, Seele und Geist.
Den himmlischen Aspekt des Heiligen Geistes nennen wir Sophia, die Weisheit. Ihr Seinsgebiet gründet in der Welt der Sterne.
Den irdischen Aspekt des Heiligen Geistes nennen wir Maria. Sie ist die Trägerin der geistigen Sonne. Sie trägt diese Sonne, das Sonnen-Kind im Herzen. Maria ist die durchchristete Erdmutter Eva. Ganz im Inneren der Erde ist lebendige Sonnenkraft. Von da aus wächst die Erde, das kosmische Kind, allmählich zu einer zukünftigen Sonne, zur neuen Erde heran.
Gewiss sind aber auch die Kräfte des Bösen im Inneren der Erde zu finden. Diese sollen ja verwandelt werden, auch durch den Menschen. Maria, die Erdmutter, schützt und trägt das innere Kind. Das innere Kind der Erde ist der Christusgeist, der Logos beziehungsweise das Weltenwort. Dieses ist in der Erde erschienen. Über seinen Geist, über sein Sonnen-Ich, erhalten wir in unserem Ich einen erneuten Zugang zum Wesen der Erde.
Den seelischen Aspekt des Heiligen Geistes nennen wir schließlich die Isis. Sie ist die Göttin, die den Mondenaspekt repräsentiert und damit unsere Seele durchleuchten kann. Isis führt durch die Seelenwelten, zeigt uns die Schatten, prüft uns und schenkt schließlich die Weihe und Erkenntnis des Geistes.
Die Einheit des Heiligen Geistes, also die Einheit der Isis-Maria-Sophia, wir dürfen sie um Rat und Inspiration bitten. Sie verbindet direkt mit dem göttlichen Vater. Da erst können wir den göttlichen

Willen vernehmen. Anstatt des Eigenwillens soll uns fortan der Gotteswille leiten. Somit kann der Gotteswille und dann unsere ureigenste Berufung, unsere geistige Bestimmung im Inneren, in unserer Seele und in unserem Geiste aufleuchten. Im väterlichen Urgrund des Lebens erfahren wir unsere individuelle Berufung, die nicht mehr nur vom Eigenwillen geprägt ist.

Der Gotteswille in uns, sein Name beziehungsweise sein Auftrag, ist in jedem Menschen verschieden, je nach den Begabungen und Fähigkeiten, die in diesem Gotteswillen enthalten sind. Dabei ist natürlich zu beachten, dass alles Üble, Fragwürdige, Unklare und Leidenschaftliche der Seele und der Welt der Stoff ist, den wir zu verwandeln haben. Somit wird von uns vor allem ein künstlerisches Tun und Schaffen verlangt.

Es ist wie bei einem Künstler, der zum Beispiel aus einem Batzen Lehm etwas Schönes modelliert oder wie bei einem Bildhauer, der aus dem groben Stein, der behauen wird, etwas ganz Neues zu schöpfen und zu kreieren vermag.

Das Rohmaterial, auch das des Seelischen, ist somit notwendig und wichtig. Daher darf auch nichts negativ bewertet oder verurteilt werden. Kunst ist zutiefst die Verwandlung und Veredelung der Materie, des Stoffes, auch des seelischen Stoffes, zu einer Schönheit hin.

Wenn wir das Leben schön gestalten, das heißt, es hin zum Geiste, zum göttlichen Urbild lenken, wodurch es sich mit geistigen Impulsen und Wahrheiten verbinden kann, so verwandeln und veredeln wir uns selbst. Dies ist Sinn und Ziel des Lebens, denn dadurch wird unser Leben wahrhaftig und gut.

Christus erscheint in der Wassermannzeit mit der Qualität des Löwen, also mit Mut- und Herzenskräften, die dynamisch, kreativ und schöpferisch das Sein gestalten. In der Fischezeit war er noch als Heiland, als Tröster und als sich hingebender Sohn an den väterlichen Weltenwillen erkannt worden. Heute tritt er verstärkt als König, als Herrscher des Himmels und der Erdenkräfte, als Freund und Hüter des Kindes, also auch des Kindlichen in uns auf und damit als Vater für uns alle. Zudem ist er der neue Eros, der all-liebende Meister und Hierophant, der das Sinnliche und

Irdische gestalten und allmählich zu einer Schönheit und Wahrhaftigkeit hinführen kann.

Da wo Schönheit, das innere Schönsein, das Annehmen und Liebenkönnen waltet, wird das Leben immer harmonischer, ausgeglichener und friedlicher werden. Ein innerer Friede zieht ein, der sich freudevoll der Welt verschenken lernt.

Die göttliche Weisheit, die Sophia, sie ist in dieser Wassermannzeit nicht mehr so sehr die Madonna mit dem Kind, wie in der Fischezeit, als sie den Jungfrauencharakter, also das Sternzeichen der Jungfrau repräsentierte, sondern sie trägt selbst die Qualitäten des Wassermann in sich, so wie Christus eben die des Löwen. Sie verschenkt sich darin den Nöten der Welt, in einem Geist der Freiheit, der Gleichheit und der Brüderlichkeit. Der Geist des Humanismus, des Menschlichen und des Individualismus, durch den die Würde und die Einzigartigkeit des Einzelnen zum höchsten Gute wird, sowie eine objektive, wissenschaftliche Annäherung an den Geist der Wahrheit, also das Streben zur Wahrheit, zu einer Wissenschaft des Geistes hin, sie sind Äußerungen beziehungsweise Manifestationen des Heiligen Geistes im Menschenreich. Damit wird das Leben gut. Die Wahrheit, die Schönheit und die Güte unseres Allvaters, sie mögen ständig bei uns sein.

Die Verwirklichung unserer inneren Impulse ist jedoch in die persönliche Freiheit und damit in den persönlichen Willen jedes Einzelnen gelegt. Der Geist inspiriert und befruchtet. Ihn in den Alltag und damit in die Welt zu bringen, das ist die Aufgabe von uns Menschen. Ergreifen und verwirklichen wir die Impulse des Geistes, so dürfen wir zu Mitarbeitern Gottes heranwachsen in seiner herrlichen Schöpfung und für die Erhaltung und Weiterentwicklung dieser einstehen, in der Verantwortung und Achtung für Mensch und Welt.

Oftmals fühlen wir uns aber in der äußeren Welt, in politischen und gesellschaftlichen Bedingungen und Begrenzungen ziemlich ohnmächtig, da unser persönlicher Einfluss oftmals recht gering erscheint. Doch in unserem Geist sind wir frei, da können wir uns nur selbst behindern. Somit dürfen wir uns aufmachen, an einer inneren Welt, an einem inneren Tempel zu arbeiten, den wir selbst kreieren und gestalten können. Zunächst geht es dabei vor allem darum, sich einen seelischen Ort zu erschaffen, an dem wir sicher und eine Ruhe findend verweilen können. Ein Haus, ein Tempel, ein Garten, was wir wollen, können wir in unseren Imaginationen erbauen. Von dort, von diesem friedlichen Hort gehen wir behutsam weiter, schauen unsere Umgebung an. Ist sie gut und schön oder sollen wir auch hier eine neue Welt kreieren.

Das was im Geiste erschaffen wird, ist keine Spinnerei oder nur eine Phantasterie. Wiederholen wir unsere geistige Arbeit, wird sie mit der Zeit immer gründlicher und dann auch manifest, zumindest im Inneren. Eine neue und bessere Welt kommt eben nicht von alleine. Wir sind als Menschen aufgerufen, Mitgestalter, Miterbauer an einer neuen Welt zu werden und so dürfen wir das Gute, das Schöne und das Wahre solange in unserem Inneren anwenden, imaginieren, bis dieses dort auch manifest werden kann. Wenn wir eine bessere Welt nicht einmal in unserem Geiste erschaffen können, wird sie auch nicht im Irdischen erscheinen. Wir brauchen aber nichts dringlicher als gute Ziele, Visionen und Utopien, damit es in und mit der Welt sinn- und lebensvoll weitergehen kann. Denn die dunklen Mächte ersinnen sich seit Langem eine irdische Welt nach ihren Wünschen und Zielen.

Wie kann dann eine zukünftige Welt in einem positiven und humanistischen Sinne aussehen?

Da kann nun jeder Einzelne mitwirken, in dem er zunächst in sich selbst diese gute Welt erschafft. Dadurch wird die zukünftige Welt zu einer Kreation, zu einem Tempel des menschlichen Geistes, der sich in Freiheit mit den Zielen und Werten der geistigen Welt verbinden will und daraus seine Visionen und Kräfte schöpfen kann. Und irgendwann werden diese Visionen eine Wirklichkeit, wenn sie von vielen Menschen gedacht und umgesetzt werden.

In diesem Sinne schließe ich meine Gedanken und hoffe, dass der geneigte Leser sich hier und da einige dieser Anregungen zu Herzen nimmt und dass diese ihm ein Stück weit mehr Klarheit und reiche Früchte für sein Seelenleben bringen können.

Franz Weber, Freiburg im Januar 2020

Literaturverzeichnis

K.O. Schmitt: Ein neues Leben für das alte
Douglas Monroe: Das Beste aus Merlins Lehren
Jose und Lena Stevens: Kraftquelle Schamanismus
Andy Bagott: Die Weisheit der Kelten
Angeles Arrien: Der vierfache Weg des Schamanen
Ted Andrews: Das Tor zu früheren Leben - Die Aura sehen und
        lesen lernen
Marko Pogacnik: Die Erde wandelt sich
Adela Curtis: Die neue Mystik
Omraam Mikhael Aivanhov: Einblick in die unsichtbare Welt
        - Liebe und Sexualität
        - Das Buch der göttlichen Magie
        - Gedanken für den Tag
Valentin Tomberg: Die großen Arcana des Tarot
Flower A. Newhouse: Lichtwesen
        - Im Reich der Erzengel
Lise Bourbeau: Heile die Wunden deiner Seele
Flensburger Hefte: Gespräche mit Naturgeistern
Wolfgang Greiner: Gralsgeheimnisse

Von Franz Weber sind bisher erschienen:

- Auf dem Weg zum Gral
- Partnerschaften im Lichte eines spirituellen Christentums
- Im Namen des Wortes - eine geistige Wegweisung
- An die Mutter Erde - Betrachtungen zur spirituellen Entwicklung
        von Erde und Mensch
- Lichtwärts - Betrachtungen für ein geistgemäßes Leben in
        heutiger Zeit
- Wege zum Heil – Aspekte zur Heilung von Mensch Erde und
        sozialer Welt
- Europa – wohin? - Politik, Gesellschaftsfragen und Spiritualität
- In der Einheit liegt die Kraft – Religion, Kunst und Spiritualität

- Zeit zur Umkehr
- Spirituelles Christentums
- Aufbruch zur Dimension der Tiefe – Teil 1: Hilfen für das Leben
  in der sozialen Welt
- Die soziale Dreigliederung
- Kosmos, Mensch und Erde – Warum wir auf der Erde sind
- und einige mehr …

Bei näherem Interesse schauen Sie bitte auf meine Webseite:
www.perceval-institut.de und
www.steine-kunst.de

Alle Bücher sind im Verlag Books on Demand erschienen und
können auch dort oder im Buchhandel erworben werden.